Name _____

Address _____

_____

Phone number _____

Email _____

2023~2024
Weekly
Planner
Tow Year Diary

leegaseo

2023 Calendar

1 January

S	M	T	W	T	F	S
1	2	3	4	5	6	7
8	9	10	11	12	13	14
15	16	17	18	19	20	21
22	23	24	25	26	27	28
29	30	31				

2 February

S	M	T	W	T	F	S
			1	2	3	4
5	6	7	8	9	10	11
12	13	14	15	16	17	18
19	20	21	22	23	24	25
26	27	28				

3 March

S	M	T	W	T	F	S
			1	2	3	4
5	6	7	8	9	10	11
12	13	14	15	16	17	18
19	20	21	22	23	24	25
26	27	28	29	30	31	

4 April

S	M	T	W	T	F	S
						1
2	3	4	5	6	7	8
9	10	11	12	13	14	15
16	17	18	19	20	21	22
23 30	24	25	26	27	28	29

5 May

S	M	T	W	T	F	S
	1	2	3	4	5	6
7	8	9	10	11	12	13
14	15	16	17	18	19	20
21	22	23	24	25	26	27
28	29	30	31			

6 June

S	M	T	W	T	F	S
				1	2	3
4	5	6	7	8	9	10
11	12	13	14	15	16	17
18	19	20	21	22	23	24
25	26	27	28	29	30	

NOTES

7 July

S	M	T	W	T	F	S
						1
2	3	4	5	6	7	8
9	10	11	12	13	14	15
16	17	18	19	20	21	22
23 30	24 31	25	26	27	28	29

8 August

S	M	T	W	T	F	S
		1	2	3	4	5
6	7	8	9	10	11	12
13	14	15	16	17	18	19
20	21	22	23	24	25	26
27	28	29	30	31		

9 September

S	M	T	W	T	F	S
					1	2
3	4	5	6	7	8	9
10	11	12	13	14	15	16
17	18	19	20	21	22	23
24	25	26	27	28	29	30

10 October

S	M	T	W	T	F	S
1	2	3	4	5	6	7
8	9	10	11	12	13	14
15	16	17	18	19	20	21
22	23	24	25	26	27	28
29	30	31				

11 November

S	M	T	W	T	F	S
			1	2	3	4
5	6	7	8	9	10	11
12	13	14	15	16	17	18
19	20	21	22	23	24	25
26	27	28	29	30		

12 December

S	M	T	W	T	F	S
					1	2
3	4	5	6	7	8	9
10	11	12	13	14	15	16
17	18	19	20	21	22	23
24 31	25	26	27	28	29	30

NOTES

2023 YEARLY PLAN

1 January	2 February	3 March	4 April	5 May	6 June
1 신정	1	1 삼일절	1	1	1
2	2	2	2	2	2
3	3	3	3	3	3
4	4	4	4	4	4
5	5	5	5	5 어린이 날	5
6	6	6	6	6	6 현충일
7	7	7	7	7	7
8	8	8	8	8	8
9	9	9	9	9	9
10	10	10	10	10	10
11	11	11	11	11	11
12	12	12	12	12	12
13	13	13	13	13	13
14	14	14	14	14	14
15	15	15	15	15	15
16	16	16	16	16	16
17	17	17	17	17	17
18	18	18	18	18	18
19	19	19	19	19	19
20	20	20	20	20	20
21	21	21	21	21	21
22 설날	22	22	22	22	22
23	23	23	23	23	23
24 대체공휴일	24	24	24	24	24
25	25	25	25	25	25
26	26	26	26	26	26
27	27	27	27	27 부처님 오신 날	27
28	28	28	28	28	28
29		29	29	29	29
30		30	30	30	30
31		31		31	

7 July	8 August	9 September	10 October	11 November	12 December
1	1	1	1	1	1
2	2	2	2	2	2
3	3	3	3 개천절	3	3
4	4	4	4	4	4
5	5	5	5	5	5
6	6	6	6	6	6
7	7	7	7	7	7
8	8	8	8	8	8
9	9	9	9 한글날	9	9
10	10	10	10	10	10
11	11	11	11	11	11
12	12	12	12	12	12
13	13	13	13	13	13
14	14	14	14	14	14
15	15 광복절	15	15	15	15
16	16	16	16	16	16
17	17	17	17	17	17
18	18	18	18	18	18
19	19	19	19	19	19
20	20	20	20	20	20
21	21	21	21	21	21
22	22	22	22	22	22
23	23	23	23	23	23
24	24	24	24	24	24
25	25	25	25	25	25 성탄절
26	26	26	26	26	26
27	27	27	27	27	27
28	28	28	28	28	28
29	29	29 추석	29	29	29
30	30	30	30	30	30
31	31		31		31

1 JANUARY

SUNDAY	MONDAY	TUESDAY	WEDNESDAY
1 신정	2	3	4
8	9	10	11
15	16	17	18
22 (1.1) 설날	23	24 대체공휴일	25
29	30	31	

THURSDAY	FRIDAY	SATURDAY	NOTES
5	6 (12.15) 소한	7	
12	13	14	
19	20 대한	21	
26	27	28	

2022 12 December

S	M	T	W	T	F	S
				1	2	3
4	5	6	7	8	9	10
11	12	13	14	15	16	17
18	19	20	21	22	23	24
25	26	27	28	29	30	31

2 February

S	M	T	W	T	F	S
			1	2	3	4
5	6	7	8	9	10	11
12	13	14	15	16	17	18
19	20	21	22	23	24	25
26	27	28				

WEEKLY PLAN

1 January

S	M	T	W	T	F	S
1	2	3	4	5	6	7
8	9	10	11	12	13	14
15	16	17	18	19	20	21
22	23	24	25	26	27	28
29	30	31				

모든 일에 최선을 다하라. 이는 내 아버님의 엄연한 가르침이다.

나는 이 교훈으로써 내 몸을 다스리고 자손을 위하는 가르침으로 삼았으니,

이 뜻을 가정을 이어가는 비결로 삼아서 대대로 잘못하는 일이

없게 하면 거의 우리 아버님께서 주신 뜻을 저버리지 않게 될 것이다.

(채제공)

· SUNDAY

WEEKLY PLAN

1 January

S	M	T	W	T	F	S
1	2	3	4	5	6	7
8	9	10	11	12	13	14
15	16	17	18	19	20	21
22	23	24	25	26	27	28
29	30	31				

추위에 떤 사람일수록 태양의 따스함을 알며,

인생의 역경을 극복한 사람일수록 생명의 귀중함을 안다.

(월트 휘트먼)

2 · MONDAY

3 · TUESDAY

4 · WEDNESDAY

- THURSDAY

- FRIDAY

- SATURDAY

- SUNDAY

WEEKLY PLAN

1 January

S	M	T	W	T	F	S
1	2	3	4	5	6	7
8	9	10	11	12	13	14
15	16	17	18	19	20	21
22	23	24	25	26	27	28
29	30	31				

건너야 할 때 그 강을 건너지 아니하면

모처럼 배에다 실은 물건이 모두 썩고 말 것이다.

해야 할 때에 하지 않으면 자기의 책임을 다할 수가 없는 것이다.

반경(盤庚)의 가르침.

(서경)

9 · MONDAY

10 · TUESDAY

11 · WEDNESDAY

· THURSDAY

· FRIDAY

· SATURDAY

· SUNDAY

WEEKLY PLAN

1 January

S	M	T	W	T	F	S
1	2	3	4	5	6	7
8	9	10	11	12	13	14
15	16	17	18	19	20	21
22	23	24	25	26	27	28
29	30	31				

남이 기술이 있고 능력이 뛰어나면

이것을 시기하여 미워하고 멀리하며,

또 남이 훌륭하고 바른 행동을 하면 이것을 물리쳐서

일부러 그 전도를 막아 그 사람의 영달을 방해한다.

이런 것은 소인의 태도로서 정치에 있어서 가장 큰 악이다.

목왕(穆王)이 한 말. (서경)

16 · MONDAY

17 · TUESDAY

18 · WEDNESDAY

9 · THURSDAY

0 · FRIDAY

1 · SATURDAY

2 · SUNDAY

WEEKLY PLAN

1 January

S	M	T	W	T	F	S
1	2	3	4	5	6	7
8	9	10	11	12	13	14
15	16	17	18	19	20	21
22	23	24	25	26	27	28
29	30	31				

인생을 겁내서는 안 된다.

인생은 살만한 가치가 있다고 믿어야 한다.

이런 생각이 사실을 만드는 데에 도움이 될 것이다.

(윌리암 제임스)

---

23 · MONDAY

24 · TUESDAY

25 · WEDNESDAY

6 · THURSDAY

7 · FRIDAY

8 · SATURDAY

9 · SUNDAY

WEEKLY PLAN

1 January

S	M	T	W	T	F	S
	1	2	3	4	5	6	7
8	9	10	11	12	13	14
15	16	17	18	19	20	21
22	23	24	25	26	27	28
29	30	31				

뜻을 세워서 힘쓰면

그 공은 스스로 높게 되고

또 노력 근면한다면 그 사업은 스스로 넓게 된다.

공(功)을 얻으려면 뜻을 굳게 세우고 업을 넓히려면

부지런해야 한다.

성왕(成王)이 한 말. (서경)

---

30 · MONDAY

31 · TUESDAY

NOTES

2 FEBRUARY

SUNDAY	MONDAY	TUESDAY	WEDNESDAY
	1 January S M T W T F S 1 2 3 4 5 6 7 8 9 10 11 12 13 14 15 16 17 18 19 20 21 22 23 24 25 26 27 28 29 30 31	**3** March S M T W T F S 1 2 3 4 5 6 7 8 9 10 11 12 13 14 15 16 17 18 19 20 21 22 23 24 25 26 27 28 29 30 31	1
5 (1.15) 대보름	6	7	8
12	13	14	15
19 우수	20 (2.1)	21	22
26	27	28	

THURSDAY	FRIDAY	SATURDAY	NOTES
2	3	4 입춘	
9	10	11	
16	17	18	
23	24	25	

WEEKLY PLAN

2 February

S	M	T	W	T	F	S
			1	2	3	4
5	6	7	8	9	10	11
12	13	14	15	16	17	18
19	20	21	22	23	24	25
26	27	28				

인생을 기뻐하라.

왜냐하면 인생은 사랑하고, 일하고, 즐기고,

별을 바라볼 기회를 부여해 주었기 때문이다.

(리 팬 다이크)

1 · WEDNESDAY

- THURSDAY

- FRIDAY

- SATURDAY

- SUNDAY

WEEKLY PLAN

2 February

S	M	T	W	T	F	S
			1	2	3	4
5	6	7	8	9	10	11
12	13	14	15	16	17	18
19	20	21	22	23	24	25
26	27	28				

마음에도 없이 우연적으로 범한 죄는

그것이 크다고 할지라도 관대하게 용서하고,

고의적으로 죄를 범한 자에게는 비록 작은 죄라도

용서없이 합당한 벌을 내린다.

고요(皐陶)가 한 말. (서경)

6 · MONDAY

7 · TUESDAY

8 · WEDNESDAY

· THURSDAY

0 · FRIDAY

1 · SATURDAY

2 · SUNDAY

WEEKLY PLAN

2 February

S	M	T	W	T	F	S
			1	2	3	4
5	6	7	8	9	10	11
12	13	14	15	16	17	18
19	20	21	22	23	24	25
26	27	28				

돈을 모아서 자손에게 남겨 준다 하더라도
자손이 반드시 다 지킨다고 볼 수 없으며,
책을 모아서 자손에게 남겨준다 하여도
자손이 반드시 다 읽는다고 볼 수 없다.
남모르는 가운데 음덕을 쌓음으로써 자손을 위한 일을
하는 것보다 못하다.
(사마온공)

---

13 · MONDAY

---

14 · TUESDAY

---

15 · WEDNESDAY

6 · THURSDAY

7 · FRIDAY

8 · SATURDAY

9 · SUNDAY

WEEKLY PLAN

2 February

S	M	T	W	T	F	S
			1	2	3	4
5	6	7	8	9	10	11
12	13	14	15	16	17	18
19	20	21	22	23	24	25
26	27	28				

장미는 아무런 이유 없이 핀다.

장미는 단지 피기 위해서 필뿐이다.

장미는 자기 자신을 상관하지 않는다.

사랑의 시선도 의식하지 않는다.

(앙겔루스 질레지우스)

---

20 · MONDAY

---

21 · TUESDAY

---

22 · WEDNESDAY

3 · THURSDAY

4 · FRIDAY

5 · SATURDAY

6 · SUNDAY

WEEKLY PLAN

2 February

S	M	T	W	T	F	S
			1	2	3	4
5	6	7	8	9	10	11
12	13	14	15	16	17	18
19	20	21	22	23	24	25
26	27	28				

임금의 자리에 있는 사람은

그 임금됨을 어렵게 여기지 않으면 안 되면

신하된 자는 그 신하됨을 어렵게 생각하지 않으면 안 된다.

그렇게 해야 만천하의 백성들이 이를 본받아

각자의 없에 최선을 다하는 것이다.

(서경)

---

27 · MONDAY

28 · TUESDAY

NOTES

3 MARCH

SUNDAY	MONDAY	TUESDAY	WEDNESDAY
	2 February	4 April	1 삼일절
	S M T W T F S 1 2 3 4 5 6 7 8 9 10 11 12 13 14 15 16 17 18 19 20 21 22 23 24 25 26 27 28	S M T W T F S 1 2 3 4 5 6 7 8 9 10 11 12 13 14 15 16 17 18 19 20 21 22 23 30 24 25 26 27 28 29	
5	6 (2.15) 경칩	7	8
12	13	14	15
19	20	21 춘분	22 (윤2.1)
26	27	28	29

THURSDAY	FRIDAY	SATURDAY	NOTES
2	3	4	
9	10	11	
16	17	18	
23	24	25	
30	31		

WEEKLY PLAN

3 March

S	M	T	W	T	F	S
			1	2	3	4
5	6	7	8	9	10	11
12	13	14	15	16	17	18
19	20	21	22	23	24	25
26	27	28	29	30	31	

그 얼마나 순식간에 우리는 이 지상에서 사라지는가.

인생의 처음의 4분의 1은 그 사용법도 모른 체 지나가고,

마지막 4분의 1은 그 즐거움을 맛볼 수 없게 되고 나서 사라진다.

그리고 그 중 4분의 3은 수면, 노동, 고통, 속박 모든 종류의 고통으로 보낸다.

인생은 짧다.

(루소)

---

1 · WEDNESDAY

THURSDAY

FRIDAY

SATURDAY

SUNDAY

WEEKLY PLAN

3 March

S	M	T	W	T	F	S
			1	2	3	4
5	6	7	8	9	10	11
12	13	14	15	16	17	18
19	20	21	22	23	24	25
26	27	28	29	30	31	

싸움을 잘하는 사람은 먼저 이길 수 있는 준비를 다해 놓은

다음에 적과 싸워 이길 수 있는 기회를 기다린다.

(손자)

---

6 · MONDAY

7 · TUESDAY

8 · WEDNESDAY

· THURSDAY

0 · FRIDAY

1 · SATURDAY

2 · SUNDAY

WEEKLY PLAN

3 March

S	M	T	W	T	F	S
			1	2	3	4
5	6	7	8	9	10	11
12	13	14	15	16	17	18
19	20	21	22	23	24	25
26	27	28	29	30	31	

적을 알고 나를 알면 백 번의 싸움에도 위태롭지 않다.

적을 모르고 나를 알면 한 번은 이기고 한 번은 진다.

적도 모르고 나도 모르면 싸울 때마다 반드시 위태롭다.

(손자)

---

13 · MONDAY

14 · TUESDAY

15 · WEDNESDAY

6 · THURSDAY

3 MARCH

7 · FRIDAY

8 · SATURDAY

9 · SUNDAY

WEEKLY PLAN

3 March

S	M	T	W	T	F	S
			1	2	3	4
5	6	7	8	9	10	11
12	13	14	15	16	17	18
19	20	21	22	23	24	25
26	27	28	29	30	31	

가르침을 듣지 않는 것보다는 듣는 것이 좋고,

듣는 것보다는 보는 것이 좋고,

보는 것보다는 마음으로 아는 것이 좋다.

그러나 아는 것보다는 실행하는 것이 더욱더 좋다.

결국 교양의 최종 목적은 이것을 실천해야 할 사람인 것이다.

(순자)

20 · MONDAY

21 · TUESDAY

22 · WEDNESDAY

3 · THURSDAY

4 · FRIDAY

5 · SATURDAY

6 · SUNDAY

WEEKLY PLAN

3 March

S	M	T	W	T	F	S
			1	2	3	4
5	6	7	8	9	10	11
12	13	14	15	16	17	18
19	20	21	22	23	24	25
26	27	28	29	30	31	

강이나 못이 깊으면 물고기와 자라가 모여들고

산림이 무성하면 새와 짐승이 모여든다.

바른 정치를 행하는 곳에 백성들도 순종하는 것이다.

(순자)

27 · MONDAY

28 · TUESDAY

29 · WEDNESDAY

30 · THURSDAY

31 · FRIDAY

NOTES

4 APRIL

SUNDAY	MONDAY	TUESDAY	WEDNESDAY
	3 March S M T W T F S 1 2 3 4 5 6 7 8 9 10 11 12 13 14 15 16 17 18 19 20 21 22 23 24 25 26 27 28 29 30 31	**5** May S M T W T F S 1 2 3 4 5 6 7 8 9 10 11 12 13 14 15 16 17 18 19 20 21 22 23 24 25 26 27 28 29 30 31	
2	3	4	**5** (2.15) 식목일 · 청명
9	10	11	12
16	17	18	19
23	24	25	26
30			

THURSDAY	FRIDAY	SATURDAY	NOTES
		1	
6 한식	7	8	
13	14	15	
20 (3.1) 곡우	21	22	
27	28	29	

WEEKLY PLAN

4 April

S	M	T	W	T	F	S
						1
2	3	4	5	6	7	8
9	10	11	12	13	14	15
16	17	18	19	20	21	22
23 / 30	24	25	26	27	28	29

마음은 편안하게 하더라도 육체는 수고롭게 하지 않을 수 없고,

도를 즐기더라도 마음은 근심하지 않을 수 없다.

육체가 수고롭지 않으면 게을러서 허물어지기 쉽고,

마음이 근심하지 않으면 주색에 빠져서 행동이 일정하지 않다.

그러므로 편안함은 힘써 일하는 가운데 생겨야 싫증나지 않는다.

편안하고 즐거운 자가 근심과 수고로움을 어찌 잊겠는가?

(경행록)

· SATURDAY

· SUNDAY

WEEKLY PLAN

4 April

S	M	T	W	T	F	S
						1
2	3	4	5	6	7	8
9	10	11	12	13	14	15
16	17	18	19	20	21	22
23 30	24	25	26	27	28	29

군자는 사는 곳은 반드시 좋은 환경을 택하고

교유(交遊)하는 사람은 반드시 학덕이 있는 사람을 택해야 한다.

사람은 환경과 교유 관계에 의해 그 성격,

수양의 정도가 달라지는 것이다.

(순자)

---

3 · MONDAY

---

4 · TUESDAY

---

5 · WEDNESDAY

· THURSDAY

· FRIDAY

· SATURDAY

· SUNDAY

WEEKLY PLAN

4 April

S	M	T	W	T	F	S
						1
2	3	4	5	6	7	8
9	10	11	12	13	14	15
16	17	18	19	20	21	22
23 30	24	25	26	27	28	29

만족할 줄 아는 사람은 가난하고 천하여도 즐거움이 있고,

만족할 줄 모르는 사람은 부유하고 귀하여도

역시 근심이 있다.

(명심보감)

---

10 · MONDAY

---

11 · TUESDAY

---

12 · WEDNESDAY

3 · THURSDAY

4 · FRIDAY

4 APRIL

5 · SATURDAY

6 · SUNDAY

WEEKLY PLAN

4 April

S	M	T	W	T	F	S
						1
2	3	4	5	6	7	8
9	10	11	12	13	14	15
16	17	18	19	20	21	22
23 30	24	25	26	27	28	29

내게 있어서 인생은 아름다움이나 낭만도 없습니다.

인생 그대로의 모습인 것입니다.

그렇듯 나는 인생을 있는 그대로 받아들일 것입니다.

(버나드 쇼)

17 · MONDAY

18 · TUESDAY

19 · WEDNESDAY

0 · THURSDAY

1 · FRIDAY

2 · SATURDAY

3 · SUNDAY

WEEKLY PLAN

4 April

S	M	T	W	T	F	S
						1
2	3	4	5	6	7	8
9	10	11	12	13	14	15
16	17	18	19	20	21	22
23 30	24	25	26	27	28	29

이곳에는 밤과 낮이 있다.

태양과 달과 별이 있다.

황무지를 가로지르는 바람 같은 것이 있다.

인생은 진실로 감미로운 것, 형제여!

죽으려고 하는 것은 어리석은 짓이다.

(조지 보로)

24 · MONDAY

25 · TUESDAY

26 · WEDNESDAY

7 · THURSDAY

8 · FRIDAY

9 · SATURDAY

0 · SUNDAY

5 MAY

SUNDAY	MONDAY	TUESDAY	WEDNESDAY
	1	2	3
7	8 어버이날	9	10
14	15 스승의 날	16 성년의 날	17
21 소만	22	23	24
28	29	30	31

THURSDAY	FRIDAY	SATURDAY	NOTES
4 (3.15)	**5** 어린이 날	**6** 입하	
11	**12**	**13**	
18	**19**	**20** (4.1)	
25	**26**	**27** 부처님오신 날	

5 MAY

4 April

S	M	T	W	T	F	S
						1
2	3	4	5	6	7	8
9	10	11	12	13	14	15
16	17	18	19	20	21	22
23 30	24	25	26	27	28	29

6 June

S	M	T	W	T	F	S
				1	2	3
4	5	6	7	8	9	10
11	12	13	14	15	16	17
18	19	20	21	22	23	24
25	26	27	28	29	30	

WEEKLY PLAN

5 May

S	M	T	W	T	F	S
	1	2	3	4	5	6
7	8	9	10	11	12	13
14	15	16	17	18	19	20
21	22	23	24	25	26	27
28	29	30	31			

인생은 기껏해야 개구쟁이 어린 아이 같은 것이다.

잠들기까지 조용히 만들기 위해 놀아주거나

조금씩 달래주어야 하지만 잠이 들면 걱정은 끝이다.

(W.템플)

1 · MONDAY

2 · TUESDAY

3 · WEDNESDAY

- THURSDAY

- FRIDAY

5 MAY

- SATURDAY

- SUNDAY

WEEKLY PLAN

5 May

S	M	T	W	T	F	S
	1	2	3	4	5	6
7	8	9	10	11	12	13
14	15	16	17	18	19	20
21	22	23	24	25	26	27
28	29	30	31			

만약 남이 나를 소중히 여겨주기 바란다면,

내가 먼저 남을 소중히 여기는 것보다 나은 것은 없다.

(명심보감)

8 · MONDAY

9 · TUESDAY

10 · WEDNESDAY

1 · THURSDAY

2 · FRIDAY

3 · SATURDAY

4 · SUNDAY

WEEKLY PLAN

5 May

S	M	T	W	T	F	S
	1	2	3	4	5	6
7	8	9	10	11	12	13
14	15	16	17	18	19	20
21	22	23	24	25	26	27
28	29	30	31			

한 걸음에 산의 정상에 오르는 것이나 한 발 한 발 오르는 것이나

결국은 같은 것이다.

오히려 한 걸음씩 오르는 것이 도중에 풀과 나무나 경치를

볼 수가 있으며, 한 걸음씩 음미하며 왔다는

자신감을 얻을 수가 있다.

(야마모토 슈고로)

---

15 · MONDAY

16 · TUESDAY

17 · WEDNESDAY

8 · THURSDAY

9 · FRIDAY

20 · SATURDAY

21 · SUNDAY

WEEKLY PLAN

5 May

S	M	T	W	T	F	S
	1	2	3	4	5	6
7	8	9	10	11	12	13
14	15	16	17	18	19	20
21	22	23	24	25	26	27
28	29	30	31			

모든 사람이 그를 좋아하더라도 반드시 살피고,

모든 사람이 그를 미워하더라도 반드시 살펴야 한다.

(공자)

---

22 · MONDAY

---

23 · TUESDAY

---

24 · WEDNESDAY

25 · THURSDAY

26 · FRIDAY

27 · SATURDAY

28 · SUNDAY

WEEKLY PLAN

5 May

S	M	T	W	T	F	S
	1	2	3	4	5	6
7	8	9	10	11	12	13
14	15	16	17	18	19	20
21	22	23	24	25	26	27
28	29	30	31			

평범한 인생이야말로 진정한 인생이다.

허식이나 특별함에서 멀리 떨어진 것에서만

진실이 있기 때문이다.

(페디라)

---

29 · MONDAY

---

30 · TUESDAY

---

31 · WEDNESDAY

5 MAY

6 JUNE

SUNDAY	MONDAY	TUESDAY	WEDNESDAY
	5 May S M T W T F S 　　1　2　3　4　5　6 7　8　9　10　11　12　13 14　15　16　17　18　19　20 21　22　23　24　25　26　27 28　29　30　31	7 July S M T W T F S 　　　　　　　1 2　3　4　5　6　7　8 9　10　11　12　13　14　15 16　17　18　19　20　21　22 23　24　25　26　27　28　29 30　31	
4	5	6 현충일 · 망종	7
11	12	13	14
18 (5.1)	19	20	21 하지
25 6.25전쟁일	26	27	28

THURSDAY	FRIDAY	SATURDAY	NOTES
1	2	3 (4,15)	
8	9	10	
15	16	17	
22 단오	23	24	
29	30		

WEEKLY PLAN

6 June

S	M	T	W	T	F	S
				1	2	3
4	5	6	7	8	9	10
11	12	13	14	15	16	17
18	19	20	21	22	23	24
25	26	27	28	29	30	

배운 사람은 벼와 같고, 배우지 않은 사람은 쑥과 같다.

벼와 같은 곡식이면 나라의 좋은 양식이고 세상의 큰 보배이다.

쑥과 같은 풀이면 밭가는 이가 싫어하고

김매는 이가 귀찮아한다.

만약 배우지 않으면 뒷날에 담을 마주한 듯 답답할 것이니

뉘우쳐도 그때는 이미 늦었다.

(휘종황제)

· THURSDAY

· FRIDAY

· SATURDAY

· SUNDAY

WEEKLY PLAN

6 June

S	M	T	W	T	F	S
				1	2	3
4	5	6	7	8	9	10
11	12	13	14	15	16	17
18	19	20	21	22	23	24
25	26	27	28	29	30	

인생에는 왕복표가 없습니다.

한번 출발하면 되돌아 올 수 없습니다.

(롤랑)

---

5 · MONDAY

6 · TUESDAY

7 · WEDNESDAY

- THURSDAY

- FRIDAY

- SATURDAY

- SUNDAY

WEEKLY PLAN

6 June

S	M	T	W	T	F	S
				1	2	3
4	5	6	7	8	9	10
11	12	13	14	15	16	17
18	19	20	21	22	23	24
25	26	27	28	29	30	

사랑을 이롭게 하는 말은 솜처럼 따뜻하지만,

사랑을 상하게 하는 말은 가시처럼 날카롭다.

한 마디 말이 잘 쓰이면 천금같고,

한 마디 말이 사랑을 해치면 칼로 베는 것처럼 아프다.

(명심보감)

---

12 · MONDAY

---

13 · TUESDAY

---

14 · WEDNESDAY

5 · THURSDAY

5 · FRIDAY

7 · SATURDAY

8 · SUNDAY

WEEKLY PLAN

6 June

S	M	T	W	T	F	S
				1	2	3
4	5	6	7	8	9	10
11	12	13	14	15	16	17
18	19	20	21	22	23	24
25	26	27	28	29	30	

사람의 성품은 물과 같으니

물이 한 번 기울어 흩어지면 돌이켜질 수 없고,

성품이 한 번 방종해지면 바로잡지 못한다.

물을 제어하는 것은 반드시 둑으로 하고,

성품을 제어하는 것은 예법으로 한다.

(명심보감)

---

19 · MONDAY

20 · TUESDAY

21 · WEDNESDAY

2 · THURSDAY

3 · FRIDAY

4 · SATURDAY

5 · SUNDAY

WEEKLY PLAN

6 June

S	M	T	W	T	F	S
				1	2	3
4	5	6	7	8	9	10
11	12	13	14	15	16	17
18	19	20	21	22	23	24
25	26	27	28	29	30	

여유롭게 서두르지 않고 걷는 사람에게 먼 길은 없다.

참을성 있게 준비하는 사람에게 실패는 없다.

(J·라뷔루이엘)

26 · MONDAY

27 · TUESDAY

28 · WEDNESDAY

9 · THURSDAY

0 · FRIDAY

NOTES

7 JULY

SUNDAY	MONDAY	TUESDAY	WEDNESDAY
	6 June S M T W T F S 1 2 3 4 5 6 7 8 9 10 11 12 13 14 15 16 17 18 19 20 21 22 23 24 25 26 27 28 29 30	8 August S M T W T F S 1 2 3 4 5 6 7 8 9 10 11 12 13 14 15 16 17 18 19 20 21 22 23 24 25 26 27 28 29 30 31	
2 (5.15)	3	4	5
9	10	11 초복	12
16	17 제헌절	18 (6.1)	19
23 대서	24	25	26
30	31		

THURSDAY	FRIDAY	SATURDAY	NOTES
		1	
6	7 소서	8	
13	14	15	
20	21 중복	22	
27	28	29	

7 JULY

WEEKLY PLAN

7 July

S	M	T	W	T	F	S
						1
2	3	4	5	6	7	8
9	10	11	12	13	14	15
16	17	18	19	20	21	22
23 30	24 31	25	26	27	28	29

사람의 마음 독하기가 뱀 같음을 내 탄식하노니,

그 누가 하늘의 눈이 수레바퀴처럼 돌아가고 있음을 알랴.

동쪽 이웃집 물건을 탐내어 지나간 해에 망녕되게도 가져왔더니,

오늘엔 어느덧 북쪽 집으로 돌아갔구나.

불의로 취한 재물은 끓는 물에 뿌려진 눈이요,

뜻밖에 얻어진 전지(田地)는 강물에 밀려온 모래이다.

만약 간교한 꾀로 그대의 생계를 삼는다면,

그것은 아침에 피는 구름이나 저녁에 지는 꽃과 같은 것이다.

(명심보감)

SATURDAY

SUNDAY

WEEKLY PLAN

7 July

S	M	T	W	T	F	S
						1
2	3	4	5	6	7	8
9	10	11	12	13	14	15
16	17	18	19	20	21	22
23 30	24 31	25	26	27	28	29

사랑이 지나치면 반드시 심한 소비를 하게 되고,

명예가 지나치면 반드시 심한 비방을 받게 된다.

기뻐함이 심하면 반드시 심한 근심을 가져오고,

뇌물을 탐하는 마음이 심하면 반드시 심한 멸망을 가져온다.

(명심보감)

---

3 · MONDAY

4 · TUESDAY

5 · WEDNESDAY

THURSDAY

FRIDAY

SATURDAY

SUNDAY

WEEKLY PLAN

7 July

S	M	T	W	T	F	S
						1
2	3	4	5	6	7	8
9	10	11	12	13	14	15
16	17	18	19	20	21	22
23 30	24 31	25	26	27	28	29

아버지 나를 낳으시고 어머니 나를 기르시니, 슬프다.

부모님이여, 나를 낳아 기르시느라 애쓰고 수고하셨도다.

그 은혜 갚고자 한다면 그 은혜가 넓은 하늘과 같이 끝이 없다.

(시경)

---

10 · MONDAY

---

11 · TUESDAY

---

12 · WEDNESDAY

3 · THURSDAY

4 · FRIDAY

5 · SATURDAY

6 · SUNDAY

WEEKLY PLAN

7 July

S	M	T	W	T	F	S
						1
2	3	4	5	6	7	8
9	10	11	12	13	14	15
16	17	18	19	20	21	22
23 30	24 31	25	26	27	28	29

숲의 갈림길에서는

남들이 가지 않은 길을 선택하라.

모든 것이 바뀔 것이다.

(프로스트)

---

17 · MONDAY

---

18 · TUESDAY

---

19 · WEDNESDAY

0 · THURSDAY

1 · FRIDAY

2 · SATURDAY

3 · SUNDAY

WEEKLY PLAN

7 July

S	M	T	W	T	F	S
						1
2	3	4	5	6	7	8
9	10	11	12	13	14	15
16	17	18	19	20	21	22
23 30	24 31	25	26	27	28	29

3월의 바람과

4월의 소나기가

5월의 꽃을 피운다.

(서양 속담)

---

24 · MONDAY

25 · TUESDAY

26 · WEDNESDAY

27 · THURSDAY

28 · FRIDAY

29 · SATURDAY

30 · SUNDAY

WEEKLY PLAN

7 July

S	M	T	W	T	F	S
						1
2	3	4	5	6	7	8
9	10	11	12	13	14	15
16	17	18	19	20	21	22
23 30	24 31	25	26	27	28	29

인간에게 소중한 것은

이 세상에서 몇 년 살 것인가가 아니다.

세상에서 얼마나 가치 있는 일을 하는가라는 것이다.

(O. 헨리)

---

31 · MONDAY

NOTES

8 AUGUST

SUNDAY	MONDAY	TUESDAY	WEDNESDAY
		1 (6.15) 유두절	**2**
6	7	**8** 입추	**9**
13	14	15 광복절	**16** (7.1)
20	21	**22** 칠석	**23** 처서
27	28	29	**30** (7.15) 백중

THURSDAY	FRIDAY	SATURDAY	NOTES
3	4	5	
10 말복	11	12	
17	18	19	
24	25	26	
31			

7 July

S	M	T	W	T	F	S
						1
2	3	4	5	6	7	8
9	10	11	12	13	14	15
16	17	18	19	20	21	22
23 30	24 31	25	26	27	28	29

9 September

S	M	T	W	T	F	S
					1	2
3	4	5	6	7	8	9
10	11	12	13	14	15	16
17	18	19	20	21	22	23
24	25	26	27	28	29	30

WEEKLY PLAN

8 August

S	M	T	W	T	F	S
		1	2	3	4	5
6	7	8	9	10	11	12
13	14	15	16	17	18	19
20	21	22	23	24	25	26
27	28	29	30	31		

아버지의 걱정없는 마음은 자식의 효도 때문이고,

남편의 번뇌없는 마음은 아내가 어질기 때문이다.

말이 많아서 실수하는 것은 다 술 때문이고,

의가 끊어지고 친했던 사이가 멀어지는 것은 오직 돈 때문이다.

(명심보감)

1 · TUESDAY

2 · WEDNESDAY

- THURSDAY

- FRIDAY

- SATURDAY

8 AUGUST

- SUNDAY

WEEKLY PLAN

8 August

S	M	T	W	T	F	S
		1	2	3	4	5
6	7	8	9	10	11	12
13	14	15	16	17	18	19
20	21	22	23	24	25	26
27	28	29	30	31		

인생의 진실은 아름답지만 무서우며,

매력적이지만 기괴하며, 달콤하지만 쓰다.

그리고 그것이 전부이다.

(아나톨 프랑스)

---

7 · MONDAY

8 · TUESDAY

9 · WEDNESDAY

· THURSDAY

· FRIDAY

· SATURDAY

· SUNDAY

WEEKLY PLAN

8 August

S	M	T	W	T	F	S
		1	2	3	4	5
6	7	8	9	10	11	12
13	14	15	16	17	18	19
20	21	22	23	24	25	26
27	28	29	30	31		

우리들은 겸허해야만 한다.

조용한 생활의 아름다움을 깨달아야 하며,

'운명'의 눈조차도 알아차리지 못하도록,

몰래 사람들이 모르게 일생을 끝마쳐야 한다.

(써머셋 몸)

---

14 · MONDAY

15 · TUESDAY

16 · WEDNESDAY

· THURSDAY

· FRIDAY

· SATURDAY

8 AUGUST

· SUNDAY

WEEKLY PLAN

8 August

S	M	T	W	T	F	S
		1	2	3	4	5
6	7	8	9	10	11	12
13	14	15	16	17	18	19
20	21	22	23	24	25	26
27	28	29	30	31		

아무리 어려운 상황을 만나도 반드시 해결책은 있다.

구원이 없는 운명은 없다.

재난이 닥쳐와도 어느 한 곳에는 열려진 구원의 문이 남겨져 있다.

(세르반테스)

---

21 · MONDAY

22 · TUESDAY

23 · WEDNESDAY

24 · THURSDAY

25 · FRIDAY

26 · SATURDAY

27 · SUNDAY

WEEKLY PLAN

8 August

S	M	T	W	T	F	S
		1	2	3	4	5
6	7	8	9	10	11	12
13	14	15	16	17	18	19
20	21	22	23	24	25	26
27	28	29	30	31		

인간은 의연하게 현실의 운명을 극복해 가야만 한다.

그곳에는 모든 진리가 숨겨져 있다.

(헨리·D·쏘로우)

---

28 · MONDAY

---

29 · TUESDAY

---

30 · WEDNESDAY

1 · THURSDAY

8 AUGUST

9 SEPTEMBER

SUNDAY	MONDAY	TUESDAY	WEDNESDAY
	8 August S M T W T F S 1 2 3 4 5 6 7 8 9 10 11 12 13 14 15 16 17 18 19 20 21 22 23 24 25 26 27 28 29 30 31	**10** October S M T W T F S 1 2 3 4 5 6 7 8 9 10 11 12 13 14 15 16 17 18 19 20 21 22 23 24 25 26 27 28 29 30 31	
3	4	5	6
10	11	12	13
17	18	19	20
24	25	26	27

THURSDAY	FRIDAY	SATURDAY	NOTES
	1	2	
7	8 백로	9	
14	15 (8.1)	16	
21	22	23 추분	
28	29 (8.15) 추석	30	

WEEKLY PLAN

9 September

S	M	T	W	T	F	S
					1	2
3	4	5	6	7	8	9
10	11	12	13	14	15	16
17	18	19	20	21	22	23
24	25	26	27	28	29	30

아침에 일어나면서부터 밤에 잠들 때까지

충과 효를 생각하는 사람은 사람들이 알지 못하더라도

하늘이 반드시 알 것이다.

배불리 먹고 따뜻하게 입으며 안락하게

제몸만 보호하는 사람은 몸은 비록 편안하나

그 자손이 어떻게 되겠는가.

(명심보감)

- FRIDAY

- SATURDAY

- SUNDAY

WEEKLY PLAN

9 September

S	M	T	W	T	F	S
					1	2
3	4	5	6	7	8	9
10	11	12	13	14	15	16
17	18	19	20	21	22	23
24	25	26	27	28	29	30

악한 사람이 선한 사람을 꾸짖거든

선한 사람은 전혀 상대하지 말라.

상대하지 않는 사람은 마음이 맑고 한가하지만,

꾸짖는 자는 입이 뜨겁게 끓는 것과 같다.

마치 사람이 하늘을 향해 침뱉으면

도로 자기 몸에 떨어지는 것과 같다.

(명심보감)

---

4 · MONDAY

---

5 · TUESDAY

---

6 · WEDNESDAY

THURSDAY

FRIDAY

SATURDAY

SUNDAY

WEEKLY PLAN

9 September

S	M	T	W	T	F	S
					1	2
3	4	5	6	7	8	9
10	11	12	13	14	15	16
17	18	19	20	21	22	23
24	25	26	27	28	29	30

시간을 낭비하지 마라.

인생은 시간의 축적이므로.

(체스터 필드)

11 · MONDAY

12 · TUESDAY

13 · WEDNESDAY

- THURSDAY

- FRIDAY

- SATURDAY

- SUNDAY

WEEKLY PLAN

9 September

S	M	T	W	T	F	S
					1	2
3	4	5	6	7	8	9
10	11	12	13	14	15	16
17	18	19	20	21	22	23
24	25	26	27	28	29	30

만약 당신이 약속시간보다 빨리 도착했다면

당신은 걱정이 많은 사람이다.

만약 당신이 늦는다면 도발적인 사랑,

정해진 시간대로 온다면 강박관념의 소유자이다.

만약 오지 않는다면 어리석은 사람이다.

(앙리 죠슨)

---

18 · MONDAY

---

19 · TUESDAY

---

20 · WEDNESDAY

1 · THURSDAY

2 · FRIDAY

3 · SATURDAY

4 · SUNDAY

WEEKLY PLAN

9 September

S	M	T	W	T	F	S
					1	2
3	4	5	6	7	8	9
10	11	12	13	14	15	16
17	18	19	20	21	22	23
24	25	26	27	28	29	30

미래는 알 수 없다.

그러나 과거는 우리에게 희망을 줄 것이다.

(처칠)

25 · MONDAY

26 · TUESDAY

27 · WEDNESDAY

8 · THURSDAY

9 · FRIDAY

10 · SATURDAY

NOTES

10 OCTOBER

SUNDAY	MONDAY	TUESDAY	WEDNESDAY
1 국군의 날	2	3 개천절	4
8 한로	9 한글날	10	11
15 (9.1)	16	17	18
22	23	24 상강	25
29 (9.15)	30	31	

THURSDAY	FRIDAY	SATURDAY	NOTES
5	6	7	
12	13	14	
19	20	21	
26	27	28	

9 September

S	M	T	W	T	F	S
					1	2
3	4	5	6	7	8	9
10	11	12	13	14	15	16
17	18	19	20	21	22	23
24	25	26	27	28	29	30

11 November

S	M	T	W	T	F	S
			1	2	3	4
5	6	7	8	9	10	11
12	13	14	15	16	17	18
19	20	21	22	23	24	25
26	27	28	29	30		

WEEKLY PLAN

10 October

S	M	T	W	T	F	S
1	2	3	4	5	6	7
8	9	10	11	12	13	14
15	16	17	18	19	20	21
22	23	24	25	26	27	28
29	30	31				

정도(正度)에 어긋난 재물은 멀리 하고,

정도에 지나친 술은 경계하며, 반드시 이웃을 가려서 살고,

벗을 가려 사귀어라. 남을 시기하는 마음을 일으키지 말고,

참소하는 말을 입에 담지 말고, 가난한 친척을 소홀히 하지 말고,

부유한 자에게 아첨하지 말라.

자기의 것은 근면과 검소를 선무(先務)로 해야 한다.

사람을 사랑함은 겸손과 화목을 첫째로 삼고,

언제나 지난날의 잘못을 생각하고, 앞날의 허물을 근심하라.

만약 나의 이 말에 따른다면, 나라와 집안을

오래 다스릴 수 있을 것이다.

(신종황제)

WEEKLY PLAN

10 October

S	M	T	W	T	F	S
1	2	3	4	5	6	7
8	9	10	11	12	13	14
15	16	17	18	19	20	21
22	23	24	25	26	27	28
29	30	31				

젊은 시절은 다시 오지 않고,

하루에 새벽이 두 번 있지 않다.

때가 되면 마땅히 학문에 힘쓸지니,

세월은 사람을 기다려주지 않는다.

(도연명)

---

2 · MONDAY

3 · TUESDAY

4 · WEDNESDAY

WEEKLY PLAN

10 October

S	M	T	W	T	F	S
1	2	3	4	5	6	7
8	9	10	11	12	13	14
15	16	17	18	19	20	21
22	23	24	25	26	27	28
29	30	31				

소년은 늙기 쉽고, 학문은 이루기 어렵다.

한 순간도 소홀히 하지 말라.

(주자)

9 · MONDAY

10 · TUESDAY

11 · WEDNESDAY

· THURSDAY

· FRIDAY

· SATURDAY

· SUNDAY

WEEKLY PLAN

10 October

S	M	T	W	T	F	S
1	2	3	4	5	6	7
8	9	10	11	12	13	14
15	16	17	18	19	20	21
22	23	24	25	26	27	28
29	30	31				

미래가 어떻게 될지 걱정하지 말라.

그리고 시간이 무엇을 가져오던지 선물로 생각하고 받아라.

(호라티우스)

16 · MONDAY

17 · TUESDAY

18 · WEDNESDAY

· THURSDAY

· FRIDAY

· SATURDAY

· SUNDAY

WEEKLY PLAN

10 October

S	M	T	W	T	F	S
1	2	3	4	5	6	7
8	9	10	11	12	13	14
15	16	17	18	19	20	21
22	23	24	25	26	27	28
29	30	31				

시간을 짧게 만드는 것은 무엇인가ㅡㅡㅡㅡ활동

시간을 견딜 수 없는 것으로 만드는 것은ㅡㅡㅡㅡ태만

(괴테)

---

23 · MONDAY

---

24 · TUESDAY

---

25 · WEDNESDAY

6 · THURSDAY

7 · FRIDAY

8 · SATURDAY

9 · SUNDAY

WEEKLY PLAN

10 October

S	M	T	W	T	F	S
1	2	3	4	5	6	7
8	9	10	11	12	13	14
15	16	17	18	19	20	21
22	23	24	25	26	27	28
29	30	31				

집안에 예절이 있으므로 어른과 아이의 분별이 있고,

규문(閨門)에 예가 있으므로 삼족(三族)이 화목하다.

조정에 예가 있으므로 삼족이 화목하다.

조정에 예가 있으므로 벼슬에 차례가 있고,

사냥에도 예가 있으므로 융사(戎士, 병사)가 숙련되고,

군대에 예가 있으므로 무공(武功)이 이루어진다.

(공자)

30 · MONDAY

31 · TUESDAY

NOTES

11 NOVEMBER

SUNDAY	MONDAY	TUESDAY	WEDNESDAY
			1
5	6	7	8 입동
12	13 (10.1)	14	15
19	20	21	22 소설
26	27 (10.15)	28	29

THURSDAY	FRIDAY	SATURDAY	NOTES
2	3 (9,20)	4	
9	10	11	
16	17	18	
23	24	25	
30			

10 October

S	M	T	W	T	F	S
1	2	3	4	5	6	7
8	9	10	11	12	13	14
15	16	17	18	19	20	21
22	23	24	25	26	27	28
29	30	31				

12 December

S	M	T	W	T	F	S
					1	2
3	4	5	6	7	8	9
10	11	12	13	14	15	16
17	18	19	20	21	22	23
24 31	25	26	27	28	29	30

11 NOVEMBER

WEEKLY PLAN

11 November

S	M	T	W	T	F	S
			1	2	3	4
5	6	7	8	9	10	11
12	13	14	15	16	17	18
19	20	21	22	23	24	25
26	27	28	29	30		

내일이면 어떻게든 될 것이라고

생각하는 어리석은 사람에겐 오늘조차도 이미 늦는다.

현명한 사람은 어제 모든 것을 끝내 놓았다.

(린덴 쿨리)

1 · WEDNESDAY

· THURSDAY

· FRIDAY

· SATURDAY

· SUNDAY

WEEKLY PLAN

11 November

S	M	T	W	T	F	S
			1	2	3	4
5	6	7	8	9	10	11
12	13	14	15	16	17	18
19	20	21	22	23	24	25
26	27	28	29	30		

집안이 화목하면 가난해도 좋지만,

의롭지 않다면 부유한들 무엇하랴.

단지 한 자식이라도 효도한다면

자손 많은 것이 무슨 소용 있으랴.

(명심보감)

---

6 · MONDAY

---

7 · TUESDAY

---

8 · WEDNESDAY

11 NOVEMBER

WEEKLY PLAN

11 November

S	M	T	W	T	F	S
			1	2	3	4
5	6	7	8	9	10	11
12	13	14	15	16	17	18
19	20	21	22	23	24	25
26	27	28	29	30		

차라리 밑 빠진 항아리는 막을 수 있지만,

코 밑에 가로놓인 입은 막기 어렵다.

(명심보감)

13 · MONDAY

14 · TUESDAY

15 · WEDNESDAY

5 · THURSDAY

7 · FRIDAY

8 · SATURDAY

9 · SUNDAY

WEEKLY PLAN

11 November

S	M	T	W	T	F	S
			1	2	3	4
5	6	7	8	9	10	11
12	13	14	15	16	17	18
19	20	21	22	23	24	25
26	27	28	29	30		

차라리 아무 걱정이 없이 집이 가난할지언정 걱정이 있으면서

집이 부자가 되지 말 것이며, 차라리 걱정이 없이

초가에서 살지언정 걱정이 있으면서 좋은 집에서 살지 않을 것이며,

차라리 병이 없이 거친 밥을 먹을지언정 병이 있으면서

좋은 약은 먹지 말 것이다.

(익지서)

---

20 · MONDAY

---

21 · TUESDAY

---

22 · WEDNESDAY

3 · THURSDAY

4 · FRIDAY

5 · SATURDAY

6 · SUNDAY

WEEKLY PLAN

11 November

S	M	T	W	T	F	S
			1	2	3	4
5	6	7	8	9	10	11
12	13	14	15	16	17	18
19	20	21	22	23	24	25
26	27	28	29	30		

성실하게 자신의 시간을 이용하라.

무언가를 이해하려고 한다면 너무 늦게 찾지 마라.

(괴테)

27 · MONDAY

28 · TUESDAY

29 · WEDNESDAY

NOTES

12 DECEMBER

SUNDAY	MONDAY	TUESDAY	WEDNESDAY
	11 November S M T W T F S 1 2 3 4 5 6 7 8 9 10 11 12 13 14 15 16 17 18 19 20 21 22 23 24 25 26 27 28 29 30	2024 1 January S M T W T F S 1 2 3 4 5 6 7 8 9 10 11 12 13 14 15 16 17 18 19 20 21 22 23 24 25 26 27 28 29 30 31	
3	4	5	6
10	11	12	13 (11.1)
17	18	19	20
24	25 크리스마스	26	27 (11.15)
31			

THURSDAY	FRIDAY	SATURDAY	NOTES
	1	2	
7 대설	8	9	
14	15	16	
21	22 동지	23	
28	29	30	

WEEKLY PLAN

12 December

S	M	T	W	T	F	S
					1	2
3	4	5	6	7	8	9
10	11	12	13	14	15	16
17	18	19	20	21	22	23
24 31	25	26	27	28	29	30

착한 사람과 함께 있으면 마치 지란(芝蘭)의

방에 들어간 것 같아서 오래 되면 그 향기를 느끼지 못하니

더불어 그에게 동화된 것이다.

착하지 않은 사람과 함께 있으면

마치 절인 생선가게에 들어간 듯하여

오래 되면 그 냄새를 느끼지 못하니 또한 더불어 동화된 것이다.

단(丹)을 지니면 붉어지고, 칠을 지니면 검어지니

군자는 반드시 자기와 함께 있는 자를 삼가야 한다.

(공자)

· FRIDAY

· SATURDAY

· SUNDAY

WEEKLY PLAN

12 December

S	M	T	W	T	F	S
					1	2
3	4	5	6	7	8	9
10	11	12	13	14	15	16
17	18	19	20	21	22	23
24 / 31	25	26	27	28	29	30

여자는 남자가 결점이 있기 때문에 사랑한다.

남자에게 결점이 많을수록 무엇이든 용서해 준다.

우리의 지성까지도.

(오스카 와일드)

---

4 · MONDAY

5 · TUESDAY

6 · WEDNESDAY

THURSDAY

FRIDAY

SATURDAY

SUNDAY

WEEKLY PLAN

12 December

S	M	T	W	T	F	S
					1	2
3	4	5	6	7	8	9
10	11	12	13	14	15	16
17	18	19	20	21	22	23
24 31	25	26	27	28	29	30

참는다는 것은 참으로 어려운 일이다.

사랑이 아니면 참지 못하고,

참지 못하면 사랑이 아니다.

(자장)

---

11 · MONDAY

12 · TUESDAY

13 · WEDNESDAY

4 · THURSDAY

5 · FRIDAY

6 · SATURDAY

7 · SUNDAY

WEEKLY PLAN

12 December

S	M	T	W	T	F	S
					1	2
3	4	5	6	7	8	9
10	11	12	13	14	15	16
17	18	19	20	21	22	23
24 31	25	26	27	28	29	30

천자가 참으면 나라에 해가 없고,

제후가 참으면 큰 일을 이루고,

관리가 참으면 승진하고,

형제가 참으면 집안이 부귀하고,

부부가 참으면 일생을 해로하고,

친구끼리 참으면 이름이 깎이지 않고,

자신이 참으면 재앙이 없어진다.

(공자)

---

18 · MONDAY

19 · TUESDAY

20 · WEDNESDAY

1 · THURSDAY

2 · FRIDAY

3 · SATURDAY

4 · SUNDAY

WEEKLY PLAN

12 December

S	M	T	W	T	F	S
					1	2
3	4	5	6	7	8	9
10	11	12	13	14	15	16
17	18	19	20	21	22	23
24 / 31	25	26	27	28	29	30

사랑은 아낌없이 주는 것이다.

(톨스토이)

---

25 · MONDAY

26 · TUESDAY

27 · WEDNESDAY

8 · THURSDAY

9 · FRIDAY

0 · SATURDAY

· SUNDAY

2024 Calendar

1 January

S	M	T	W	T	F	S
	1	2	3	4	5	6
7	8	9	10	11	12	13
14	15	16	17	18	19	20
21	22	23	24	25	26	27
28	29	30	31			

2 February

S	M	T	W	T	F	S
				1	2	3
4	5	6	7	8	9	10
11	12	13	14	15	16	17
18	19	20	21	22	23	24
25	26	27	28	29		

3 March

S	M	T	W	T	F	S
					1	2
3	4	5	6	7	8	9
10	11	12	13	14	15	16
17	18	19	20	21	22	23
24 / 31	25	26	27	28	29	30

4 April

S	M	T	W	T	F	S
	1	2	3	4	5	6
7	8	9	10	11	12	13
14	15	16	17	18	19	20
21	22	23	24	25	26	27
28	29	30				

5 May

S	M	T	W	T	F	S
			1	2	3	4
5	6	7	8	9	10	11
12	13	14	15	16	17	18
19	20	21	22	23	24	25
26	27	28	29	30	31	

6 June

S	M	T	W	T	F	S
						1
2	3	4	5	6	7	8
9	10	11	12	13	14	15
16	17	18	19	20	21	22
23 / 30	24	25	26	27	28	29

NOTES

7 July

S	M	T	W	T	F	S
	1	2	3	4	5	6
7	8	9	10	11	12	13
14	15	16	17	18	19	20
21	22	23	24	25	26	27
28	29	30	31			

8 August

S	M	T	W	T	F	S
				1	2	3
4	5	6	7	8	9	10
11	12	13	14	15	16	17
18	19	20	21	22	23	24
25	26	27	28	29	30	31

9 September

S	M	T	W	T	F	S
1	2	3	4	5	6	7
8	9	10	11	12	13	14
15	16	17	18	19	20	21
22	23	24	25	26	27	28
29	30					

10 October

S	M	T	W	T	F	S
		1	2	3	4	5
6	7	8	9	10	11	12
13	14	15	16	17	18	19
20	21	22	23	24	25	26
27	28	29	30	31		

11 November

S	M	T	W	T	F	S
					1	2
3	4	5	6	7	8	9
10	11	12	13	14	15	16
17	18	19	20	21	22	23
24	25	26	27	28	29	30

12 December

S	M	T	W	T	F	S
1	2	3	4	5	6	7
8	9	10	11	12	13	14
15	16	17	18	19	20	21
22	23	24	25	26	27	28
29	30	31				

OTES

2024 YEARLY PLAN

1 January	2 February	3 March	4 April	5 May	6 June
1 신정	1	1 삼일절	1	1	1
2	2	2	2	2	2
3	3	3	3	3	3
4	4	4	4	4	4
5	5	5	5	5 어린이 날	5
6	6	6	6	6 대체공휴일	6 현충일
7	7	7	7	7	7
8	8	8	8	8	8
9	9	9	9	9	9
10	10 설날	10	10 국회의원선거일	10	10
11	11	11	11	11	11
12	12 대체공휴일	12	12	12	12
13	13	13	13	13	13
14	14	14	14	14	14
15	15	15	15	15 부처님 오신 날	15
16	16	16	16	16	16
17	17	17	17	17	17
18	18	18	18	18	18
19	19	19	19	19	19
20	20	20	20	20	20
21	21	21	21	21	21
22	22	22	22	22	22
23	23	23	23	23	23
24	24	24	24	24	24
25	25	25	25	25	25
26	26	26	26	26	26
27	27	27	27	27	27
28	28	28	28	28	28
29	29	29	29	29	29
30		30	30	30	30
31		31		31	

7 July	8 August	9 September	10 October	11 November	12 December
1	1	1	1	1	1
2	2	2	2	2	2
3	3	3	3 개천절	3	3
4	4	4	4	4	4
5	5	5	5	5	5
6	6	6	6	6	6
7	7	7	7	7	7
8	8	8	8	8	8
9	9	9	9 한글날	9	9
10	10	10	10	10	10
11	11	11	11	11	11
12	12	12	12	12	12
13	13	13	13	13	13
14	14	14	14	14	14
15	15 광복절	15	15	15	15
16	16	16	16	16	16
17	17	17 추석	17	17	17
18	18	18	18	18	18
19	19	19	19	19	19
20	20	20	20	20	20
21	21	21	21	21	21
22	22	22	22	22	22
23	23	23	23	23	23
24	24	24	24	24	24
25	25	25	25	25	25 성탄절
26	26	26	26	26	26
27	27	27	27	27	27
28	28	28	28	28	28
29	29	29	29	29	29
30	30	30	30	30	30
31	31		31		31

1 JANUARY

SUNDAY	MONDAY	TUESDAY	WEDNESDAY
	1 신정	2	3
7	8	9	10
14	15	16	17
21	22	23	24
28	29	30	31

THURSDAY	FRIDAY	SATURDAY	NOTES
4	5	6 소한	
11 (12.1)	12	13	
18	19	20 대한	
25 (12.15)	26	27	

2023 12 December

S	M	T	W	T	F	S
					1	2
3	4	5	6	7	8	9
10	11	12	13	14	15	16
17	18	19	20	21	22	23
24 31	25	26	27	28	29	30

2 February

S	M	T	W	T	F	S
				1	2	3
4	5	6	7	8	9	10
11	12	13	14	15	16	17
18	19	20	21	22	23	24
25	26	27	28	29		

WEEKLY PLAN

1 January

S	M	T	W	T	F	S
	1	2	3	4	5	6
7	8	9	10	11	12	13
14	15	16	17	18	19	20
21	22	23	24	25	26	27
28	29	30	31			

편안하고 한가롭게 산다고 해서 걱정거리가 없다고 말하지 말라.

곧 걱정거리가 생기리라.

입에 맞는 음식이라 해서 많이 먹으면 병을 만든다.

마음에 기쁜 일이라 해서 정도에 지나치게 하면 반드시 재앙이 따른다.

병이 든 뒤에야 약을 먹는 것보다는 병이 나기 전에

스스로 예방함이 좋다.

(소강절 선생)

---

1 · MONDAY

---

2 · TUESDAY

---

3 · WEDNESDAY

· THURSDAY

· FRIDAY

· SATURDAY

· SUNDAY

WEEKLY PLAN

1 January

S	M	T	W	T	F	S
	1	2	3	4	5	6
7	8	9	10	11	12	13
14	15	16	17	18	19	20
21	22	23	24	25	26	27
28	29	30	31			

가는 자는 쫓지 말지며,

오는 자는 막지 말라.

(맹자)

8 · MONDAY

9 · TUESDAY

10 · WEDNESDAY

· THURSDAY

2 · FRIDAY

3 · SATURDAY

4 · SUNDAY

WEEKLY PLAN

1 January

S	M	T	W	T	F	S
	1	2	3	4	5	6
7	8	9	10	11	12	13
14	15	16	17	18	19	20
21	22	23	24	25	26	27
28	29	30	31			

가장 큰 어려운 일 중 세가지,

첫째는 명성을 얻는 것,

둘째는 생명있는 동안 명성을 유지 하는것,

셋째는 죽은 뒤에도 명성을 보유하는것.

(프란츠 요제프 하이든)

---

15 · MONDAY

---

16 · TUESDAY

---

17 · WEDNESDAY

8 · THURSDAY

9 · FRIDAY

10 · SATURDAY

11 · SUNDAY

WEEKLY PLAN

1 January

S	M	T	W	T	F	S
	1	2	3	4	5	6
7	8	9	10	11	12	13
14	15	16	17	18	19	20
21	22	23	24	25	26	27
28	29	30	31			

가장 훌륭한 인간은 모든 사람을 사랑하는 사람이다.

그 사람은 좋고 나쁨을 가리지 않고 모든 사람에게

선을 베푸는 사람이다.

(마호메트)

---

22 · MONDAY

---

23 · TUESDAY

---

24 · WEDNESDAY

5 · THURSDAY

6 · FRIDAY

7 · SATURDAY

8 · SUNDAY

WEEKLY PLAN

1 January

S	M	T	W	T	F	S
	1	2	3	4	5	6
7	8	9	10	11	12	13
14	15	16	17	18	19	20
21	22	23	24	25	26	27
28	29	30	31			

가족, 친구, 조국, 모든 사랑을 위해서 힘을 써라.

들뜬 마음, 나약함을 물리쳐라,

용기를 가져라, 강해져라. 즉 남자가 되라.

(앙리 프레데리크 아미엘)

29 · MONDAY

30 · TUESDAY

31 · WEDNESDAY

2 FEBRUARY

SUNDAY	MONDAY	TUESDAY	WEDNESDAY
	1 January	3 March	
4 입춘	5	6	7
11	12 대체공휴일	13	14
18	19 우수	20	21
25	26	27	28

1 January

S	M	T	W	T	F	S
	1	2	3	4	5	6
7	8	9	10	11	12	13
14	15	16	17	18	19	20
21	22	23	24	25	26	27
28	29	30	31			

3 March

S	M	T	W	T	F	S
					1	2
3	4	5	6	7	8	9
10	11	12	13	14	15	16
17	18	19	20	21	22	23
24 / 31	25	26	27	28	29	30

THURSDAY	FRIDAY	SATURDAY	NOTES
1	2	3	2 FEBRUARY
8	9	10 (1.1) 설날	
15	16	17	
22	23	24 (1.15) 대보름	
29			

WEEKLY PLAN

2 February

S	M	T	W	T	F	S
				1	2	3
4	5	6	7	8	9	10
11	12	13	14	15	16	17
18	19	20	21	22	23	24
25	26	27	28	29		

하루 선한 일을 행하면 복이 비록 금새 오지 않더라도

화는 저절로 멀어진다.

하루 악한 일을 행하면 화는 비록 금새 오지 않더라도

복은 저절로 멀어진다.

선을 행하는 사람은 봄동산의 풀과 같아서,

그 자라나는 것이 보이지 않으나 나날이 더 늘어간다.

악한 일을 행하는 사람은 칼을 가는 숫돌과 같아서,

돌이 갈리어서 닳아 없어지는 것이 보이지 않으나 나날이 더 이지러진다.

(동악성재)

· THURSDAY

· FRIDAY

· SATURDAY

· SUNDAY

WEEKLY PLAN

2 February

S	M	T	W	T	F	S
				1	2	3
4	5	6	7	8	9	10
11	12	13	14	15	16	17
18	19	20	21	22	23	24
25	26	27	28	29		

개조해야 할 것은 세계뿐이 아니라 인간이다.

그 새로운 인간은 어디서 나타날 것인가 ?

그것은 결코 외부로부터 오지 않는다.

친구여, 그것은 자신 속에서 발견된다는 것을 깨달으라.

(앙드레 폴 기욤 지드)

---

5 · MONDAY

---

6 · TUESDAY

---

7 · WEDNESDAY

8 · THURSDAY

9 · FRIDAY

10 · SATURDAY

11 · SUNDAY

WEEKLY PLAN

2 February

S	M	T	W	T	F	S
				1	2	3
4	5	6	7	8	9	10
11	12	13	14	15	16	17
18	19	20	21	22	23	24
25	26	27	28	29		

거만한 자를 책망하지 말라.

그가 너를 미워할까 두렵다.

지혜있는 자를 책망하라. 그가 너를 사랑하리라.

(성경 잠언)

---

12 · MONDAY

13 · TUESDAY

14 · WEDNESDAY

5 · THURSDAY

5 · FRIDAY

7 · SATURDAY

3 · SUNDAY

WEEKLY PLAN

2 February

S	M	T	W	T	F	S
				1	2	3
4	5	6	7	8	9	10
11	12	13	14	15	16	17
18	19	20	21	22	23	24
25	26	27	28	29		

거짓말쟁이가 받는 가장 큰 형벌은 그가 다른 사람으로부터
신임을 받지 못한다는 것보다
그 자신이 아무도 믿지 못한다는 슬픔에 빠지는 데에 있다.
(조지 버나드 쇼)

19 · MONDAY

20 · TUESDAY

21 · WEDNESDAY

2 · THURSDAY

3 · FRIDAY

4 · SATURDAY

5 · SUNDAY

WEEKLY PLAN

2 February

S	M	T	W	T	F	S
				1	2	3
4	5	6	7	8	9	10
11	12	13	14	15	16	17
18	19	20	21	22	23	24
25	26	27	28	29		

건강을 유지한다는 것은 자기에 대한 의무인 동시에

사회에 대한 의무이다.

오늘날 백살이 넘게 오래 산 사람은 거의 모두가 여름이나

겨울에 일찍 일어난 사람들이다.

(푸슈킨)

26 · MONDAY

27 · TUESDAY

28 · WEDNESDAY

NOTES

3 MARCH

SUNDAY	MONDAY	TUESDAY	WEDNESDAY
	2 February S M T W T F S 1 2 3 4 5 6 7 8 9 10 11 12 13 14 15 16 17 18 19 20 21 22 23 24 25 26 27 28 29	**4** April S M T W T F S 1 2 3 4 5 6 7 8 9 10 11 12 13 14 15 16 17 18 19 20 21 22 23 24 25 26 27 28 29 30	
3	4	5 경칩	6
10 (2.1)	11	12	13
17	18	19	20 춘분
24 (2.15) 31	25	26	27

THURSDAY	FRIDAY	SATURDAY	NOTES
	1 삼일절	2	
7	8	9	
14	15	16	
21	22	23	
28	29	30	

WEEKLY PLAN

3 March

S	M	T	W	T	F	S
					1	2
3	4	5	6	7	8	9
10	11	12	13	14	15	16
17	18	19	20	21	22	23
24 31	25	26	27	28	29	30

학문을 좋아하는 자와 함께 가면

마치 안개 속을 가는 것과 같아서,

비록 옷은 젖지 않더라도 때때로 물기가 배어든다.

무식한 자와 함께 가면

마치 뒷간에 앉은 것 같아서,

비록 옷은 더럽혀지지 않지만 그 냄새가 맡아진다.

(공자가어)

· FRIDAY

· SATURDAY

· SUNDAY

WEEKLY PLAN

경험은 최고의 교사이다.

다만 수업료가 지나치게 비싸다고 할까.

(칼라일)

3 March

S	M	T	W	T	F	S
					1	2
3	4	5	6	7	8	9
10	11	12	13	14	15	16
17	18	19	20	21	22	23
24 31	25	26	27	28	29	30

4 · MONDAY

5 · TUESDAY

6 · WEDNESDAY

- THURSDAY

- FRIDAY

- SATURDAY

) - SUNDAY

WEEKLY PLAN

3 March

S	M	T	W	T	F	S
					1	2
3	4	5	6	7	8	9
10	11	12	13	14	15	16
17	18	19	20	21	22	23
24 31	25	26	27	28	29	30

고독은 이 세상에서 가장 무서운 괴로움이다.

아무리 지독한 공포에도 모두가 함께 있으면 견딜만하지만

고독만은 죽음과 같다.

(콘스탄트 비르질 게오르규)

---

11 · MONDAY

---

12 · TUESDAY

---

13 · WEDNESDAY

4 · THURSDAY

5 · FRIDAY

6 · SATURDAY

7 · SUNDAY

WEEKLY PLAN

3 March

S	M	T	W	T	F	S
					1	2
3	4	5	6	7	8	9
10	11	12	13	14	15	16
17	18	19	20	21	22	23
24 31	25	26	27	28	29	30

관용이란 무엇인가. 그것은 인간애의 소유이다.

우리는 모두 약함과 과오로 만들어져 있다.

우리는 어리석음을 서로 용서한다. 이것이 자연의 제일 법칙이다.

(볼테르)

---

18 · MONDAY

---

19 · TUESDAY

---

20 · WEDNESDAY

1 · THURSDAY

3 MARCH

2 · FRIDAY

3 · SATURDAY

4 · SUNDAY

WEEKLY PLAN

3 March

S	M	T	W	T	F	S
					1	2
3	4	5	6	7	8	9
10	11	12	13	14	15	16
17	18	19	20	21	22	23
24 31	25	26	27	28	29	30

한 점의 불티가 만경(萬頃)의 숲을 태우고, 반마디 그릇된 말이 평생 쌓은 덕을 허물어뜨린다. 몸에 실 한 오라기를 감았으니 항상 베 짜는 여인의 수고스러움을 생각하고, 하루 세 끼니의 밥을 먹거든 늘 농부의 수고를 생각하라. 구차하게 탐내고 시기하여 남에게 손해를 끼친다면, 끝내 10년의 편안함도 없을 것이요, 선(善)을 쌓고 인(仁)을 보존한다면 반드시 후손들에게 영화가 있으리라. 행복과 경사는 선행을 쌓는 데서 생긴다. 범인의 경지를 초월해서 성인의 경지에 들어가는 것은 모두 진실로써 얻어지는 것이다. (고종황제)

25 · MONDAY

26 · TUESDAY

27 · WEDNESDAY

8 · THURSDAY

9 · FRIDAY

0 · SATURDAY

1 · SUNDAY

4 APRIL

SUNDAY	MONDAY	TUESDAY	WEDNESDAY
	1	2	3
7	8	9 (3.1)	10 국회의원선거일
14	15	16	17
21	22	23 (3.15)	24
28	29	30	

THURSDAY	FRIDAY	SATURDAY	NOTES
4	5 한식 · 식목일	6	
11	12	13	
18	19 곡우	20	
25	26	27	

3 March

S	M	T	W	T	F	S
					1	2
3	4	5	6	7	8	9
10	11	12	13	14	15	16
17	18	19	20	21	22	23
24 31	25	26	27	28	29	30

5 May

S	M	T	W	T	F	S
			1	2	3	4
5	6	7	8	9	10	11
12	13	14	15	16	17	18
19	20	21	22	23	24	25
26	27	28	29	30	31	

WEEKLY PLAN

4 April

S	M	T	W	T	F	S
	1	2	3	4	5	6
7	8	9	10	11	12	13
14	15	16	17	18	19	20
21	22	23	24	25	26	27
28	29	30				

기도는 음악처럼 신성하고 구원이 된다.

기도는 신뢰이며 확인이다.

진정 기도하는 자는 원하지 않는다.

단지 자기의 경우와 고뇌를 말할 뿐이다.

(헤르만 헤세)

---

1 · MONDAY

---

2 · TUESDAY

---

3 · WEDNESDAY

- THURSDAY

- FRIDAY

- SATURDAY

- SUNDAY

WEEKLY PLAN

4 April

S	M	T	W	T	F	S
	1	2	3	4	5	6
7	8	9	10	11	12	13
14	15	16	17	18	19	20
21	22	23	24	25	26	27
28	29	30				

나는 대단한 인간이 아니다.

노력하는 노인일뿐이다.

(넬슨 롤리랄라 만델라)

8 · MONDAY

9 · TUESDAY

10 · WEDNESDAY

1 · THURSDAY

2 · FRIDAY

3 · SATURDAY

4 · SUNDAY

WEEKLY PLAN

4 April

S	M	T	W	T	F	S
	1	2	3	4	5	6
7	8	9	10	11	12	13
14	15	16	17	18	19	20
21	22	23	24	25	26	27
28	29	30				

나는 우리나라가 세계에서 가장 아름다운 나라가 되기를 원한다.

우리나라가 독립하여 정부가 생기거든 그 집의 뜰을 쓸고

유리창을 닦은 일을 해 보고 죽게 하소서 !

(백범 김구)

---

15 · MONDAY

---

16 · TUESDAY

---

17 · WEDNESDAY

8 · THURSDAY

9 · FRIDAY

20 · SATURDAY

21 · SUNDAY

WEEKLY PLAN

4 April

S	M	T	W	T	F	S
	1	2	3	4	5	6
7	8	9	10	11	12	13
14	15	16	17	18	19	20
21	22	23	24	25	26	27
28	29	30				

나는 인내하는 데에는 마음을 강하게 하고,

욕심을 부리는 데에는 마음을 둔하게 하고 있다.

다만 내가 구할 수 있는 방향에서 손에 닿는 것을 구할 뿐이다.

(미셸 에켐 드 몽테뉴)

---

22 · MONDAY

---

23 · TUESDAY

---

24 · WEDNESDAY

25 · THURSDAY

26 · FRIDAY

27 · SATURDAY

28 · SUNDAY

WEEKLY PLAN

4 April

S	M	T	W	T	F	S
	1	2	3	4	5	6
7	8	9	10	11	12	13
14	15	16	17	18	19	20
21	22	23	24	25	26	27
28	29	30				

너 자신을 다스려라.

그러면 당신은 세계를 다스릴 것이다.

(중국 속담)

---

29 · MONDAY

30 · TUESDAY

5 MAY

SUNDAY	MONDAY	TUESDAY	WEDNESDAY
	4 April S M T W T F S 　1 2 3 4 5 6 7 8 9 10 11 12 13 14 15 16 17 18 19 20 21 22 23 24 25 26 27 28 29 30	6 June S M T W T F S 　　　　　　1 2 3 4 5 6 7 8 9 10 11 12 13 14 15 16 17 18 19 20 21 22 23 30 24 25 26 27 28 29	1 근로자의 날
5 입하 · 어린이 날	6 대체공휴일	7	8 (4.1) 어버이 날
12	13	14	15 부처님오신 날 스승의 날
19	20 소만	21	22 (4.15)
26	27	28	29

THURSDAY	FRIDAY	SATURDAY	NOTES
2	3	4	
9	10	11	
16	17	18	
23	24	25	
30	31		

5 MAY

WEEKLY PLAN

5 May

S	M	T	W	T	F	S
			1	2	3	4
5	6	7	8	9	10	11
12	13	14	15	16	17	18
19	20	21	22	23	24	25
26	27	28	29	30	31	

노력을 중단하는 것보다 더 위험한 것은 없다.

그것은 습관을 잃는다.

습관은 버리기는 쉽지만 다시 들이기는 어렵다.

(빅토르 마리 위고)

1 · WEDNESDAY

- THURSDAY

- FRIDAY

5 MAY

- SATURDAY

- SUNDAY

WEEKLY PLAN

5 May

S	M	T	W	T	F	S
			1	2	3	4
5	6	7	8	9	10	11
12	13	14	15	16	17	18
19	20	21	22	23	24	25
26	27	28	29	30	31	

해와 달이 아무리 밝아도 엎어 놓은 동이의 밑은 비추지 못하고,

칼날이 아무리 잘 들어도 죄없는 사람은 베지 못하고,

불의의 재앙이나 뜻밖의 화도 조심하는 집문에는 들지 못한다.

(강태공)

---

6 · MONDAY

---

7 · TUESDAY

---

8 · WEDNESDAY

5 MAY

WEEKLY PLAN

5 May

S	M	T	W	T	F	S
			1	2	3	4
5	6	7	8	9	10	11
12	13	14	15	16	17	18
19	20	21	22	23	24	25
26	27	28	29	30	31	

높이 나는 새가 멀리본다.

안톤 쉬나크의 "갈매기의 꿈"에 나오는 말로 당연히 높이 날아 올라야

멀리 볼수 있다는 내용을 높이 높이 날고자하는

한 갈매기의 꿈에 비유한 말.

(맘속행복)

---

13 · MONDAY

14 · TUESDAY

15 · WEDNESDAY

6 · THURSDAY

7 · FRIDAY

8 · SATURDAY

9 · SUNDAY

WEEKLY PLAN

누가 가장 영광스럽게 사는 사람인가?

한번도 실패함이 없이 나아가는 데 있는 것이 아니라,

실패할 때마다 조용히 그러나 힘차게 다시 일어나는 데에

인간의 참된 영광이 있다.

(스미스)

5 May

S	M	T	W	T	F	S
			1	2	3	4
5	6	7	8	9	10	11
12	13	14	15	16	17	18
19	20	21	22	23	24	25
26	27	28	29	30	31	

20 · MONDAY

21 · TUESDAY

22 · WEDNESDAY

23 · THURSDAY

24 · FRIDAY

25 · SATURDAY

26 · SUNDAY

WEEKLY PLAN

5 May

S	M	T	W	T	F	S
			1	2	3	4
5	6	7	8	9	10	11
12	13	14	15	16	17	18
19	20	21	22	23	24	25
26	27	28	29	30	31	

늘 원대한 포부가 나를 인도하고,

깊은 사상이 나의 행동을 인도해야 한다.

조그마한 목전의 감정이 내 마음을 지배하고 얕은 생각이

나의 행동을 명령하지 않도록 해야 한다.

(아르투어 쇼펜하워)

---

27 · MONDAY

---

28 · TUESDAY

---

29 · WEDNESDAY

0 · THURSDAY

1 · FRIDAY

OTES

6 JUNE

SUNDAY	MONDAY	TUESDAY	WEDNESDAY
	5 May S M T W T F S 1 2 3 4 5 6 7 8 9 10 11 12 13 14 15 16 17 18 19 20 21 22 23 24 25 26 27 28 29 30 31	**7** July S M T W T F S 1 2 3 4 5 6 7 8 9 10 11 12 13 14 15 16 17 18 19 20 21 22 23 24 25 26 27 28 29 30 31	
2	3	4	5 망종
9	10 단오	11	12
16	17	18	19
23	24	25	26
30			

THURSDAY	FRIDAY	SATURDAY	NOTES
		1	
6 (5.1) 현충일	7	8	
13	14	15	
20 (5.15)	21 하지	22	
27	28	29	

WEEKLY PLAN

6 June

S	M	T	W	T	F	S
						1
2	3	4	5	6	7	8
9	10	11	12	13	14	15
16	17	18	19	20	21	22
23 30	24	25	26	27	28	29

다른 사람의 속마음으로 들어가라.

그리고 다른 사람으로 하여금 당신의 속마음으로 들어오도록 하라.

(아우렐리우스)

SATURDAY

SUNDAY

WEEKLY PLAN

6 June

S	M	T	W	T	F	S
						1
2	3	4	5	6	7	8
9	10	11	12	13	14	15
16	17	18	19	20	21	22
23 30	24	25	26	27	28	29

당나귀는 긴 귀로 구별할 수 있으며

어리석은 자는 긴 혀로 구별할 수 있다.

(유태 격언)

---

3 · MONDAY

4 · TUESDAY

5 · WEDNESDAY

· THURSDAY

· FRIDAY

6 JUNE

· SATURDAY

· SUNDAY

WEEKLY PLAN

6 June

S	M	T	W	T	F	S
						1
2	3	4	5	6	7	8
9	10	11	12	13	14	15
16	17	18	19	20	21	22
23 30	24	25	26	27	28	29

황금이 귀한 것이 아니다.

편안하고 즐거운 삶이 값진 것이다.

(명심보감)

10 · MONDAY

11 · TUESDAY

12 · WEDNESDAY

· THURSDAY

· FRIDAY

· SATURDAY

· SUNDAY

WEEKLY PLAN

6 June

S	M	T	W	T	F	S
						1
2	3	4	5	6	7	8
9	10	11	12	13	14	15
16	17	18	19	20	21	22
23 30	24	25	26	27	28	29

효자의 어버이 섬김은 살아서는 공경을 다하고,

봉양함에는 즐거움을 다하고,

병드신 때에는 근심을 다하고,

돌아가신 때는 슬픔을 다하고,

제사 지낼 때엔 엄숙함을 다해야 한다.

(공자)

---

17 · MONDAY

---

18 · TUESDAY

---

19 · WEDNESDAY

20 · THURSDAY

21 · FRIDAY

22 · SATURDAY

23 · SUNDAY

WEEKLY PLAN

6 June

S	M	T	W	T	F	S
						1
2	3	4	5	6	7	8
9	10	11	12	13	14	15
16	17	18	19	20	21	22
23 30	24	25	26	27	28	29

먼저 핀 꽃은 먼저 진다.

남보다 먼저 공을 세우려고 조급히 서둘 것이 아니다.

(채근담)

24 · MONDAY

25 · TUESDAY

26 · WEDNESDAY

27 · THURSDAY

28 · FRIDAY

29 · SATURDAY

30 · SUNDAY

7 JULY

SUNDAY	MONDAY	TUESDAY	WEDNESDAY
	1	2	3
7	8	9	10
14	15 초복	16	17 제헌절
21	22 대서	23	24
28	29	30	31

THURSDAY	FRIDAY	SATURDAY	NOTES
4	5	6 (6.1) 소서	
11	12	13	
18	19	20 (6.15) 유두절	
25 중복	26	27	

6 June

S	M	T	W	T	F	S
						1
2	3	4	5	6	7	8
9	10	11	12	13	14	15
16	17	18	19	20	21	22
23 30	24	25	26	27	28	29

8 August

S	M	T	W	T	F	S
				1	2	3
4	5	6	7	8	9	10
11	12	13	14	15	16	17
18	19	20	21	22	23	24
25	26	27	28	29	30	31

WEEKLY PLAN

7 July

S	M	T	W	T	F	S
	1	2	3	4	5	6
7	8	9	10	11	12	13
14	15	16	17	18	19	20
21	22	23	24	25	26	27
28	29	30	31			

모든 양서를 읽는다는 것은 지난 몇세기 동안에 걸친

가장 훌륭한 사람들과 대화를 하는 것과 같다.

(데카르트)

1 · MONDAY

2 · TUESDAY

3 · WEDNESDAY

- THURSDAY

- FRIDAY

- SATURDAY

- SUNDAY

WEEKLY PLAN

7 July

S	M	T	W	T	F	S
	1	2	3	4	5	6
7	8	9	10	11	12	13
14	15	16	17	18	19	20
21	22	23	24	25	26	27
28	29	30	31			

받아도 되고 받지 않아도 될 때 받는 것은 청렴을 손상시키고

주어도 되고 주지 않아도 될 때 주는 것은 은혜를 손상시키며

죽어도 되고 죽지 않아도 될 때 죽는 것은 용기를 손상시키는 것이다.

(맹자)

---

8 · MONDAY

9 · TUESDAY

10 · WEDNESDAY

1 · THURSDAY

2 · FRIDAY

3 · SATURDAY

4 · SUNDAY

WEEKLY PLAN

7 July

S	M	T	W	T	F	S
	1	2	3	4	5	6
7	8	9	10	11	12	13
14	15	16	17	18	19	20
21	22	23	24	25	26	27
28	29	30	31			

흰 옥(玉)은 진흙탕 속에 던져지더라도

그 빛을 더럽힐 수 없고,

군자는 혼탁한 곳에 가더라도

그 마음을 어지럽힐 수 없다.

그러므로 송백(松柏)은 상설(霜雪)을 이겨내고,

밝은 지혜는 위난(危難)이라도 헤쳐나갈 수 있다.

(익지서)

15 · MONDAY

16 · TUESDAY

17 · WEDNESDAY

8 · THURSDAY

9 · FRIDAY

0 · SATURDAY

1 · SUNDAY

WEEKLY PLAN

7 July

S	M	T	W	T	F	S
	1	2	3	4	5	6
7	8	9	10	11	12	13
14	15	16	17	18	19	20
21	22	23	24	25	26	27
28	29	30	31			

군자는 내 모습을 물에 비친 거울로 보지 말고

사람을 거울로 삼아 내 모습을 비추어서 반성하는 것이 좋다.

물에 비추어진 자기 모습은 외면만 볼 수가 있다.

그러나 사람을 거울로 삼으면 이로써 자기가 행하고 있는 잘잘못을

판단할 수가 있다. 묵자가 인용한 옛 말.

(묵자)

---

22 · MONDAY

---

23 · TUESDAY

---

24 · WEDNESDAY

5 · THURSDAY

6 · FRIDAY

7 · SATURDAY

8 · SUNDAY

WEEKLY PLAN

7 July

S	M	T	W	T	F	S
	1	2	3	4	5	6
7	8	9	10	11	12	13
14	15	16	17	18	19	20
21	22	23	24	25	26	27
28	29	30	31			

단물이 나는 샘은 가장 먼저 퍼내어 마르게 되고

키가 큰 나무는 가장 먼저 잘리게 된다.

모든 것이 쓸모가 있으면

자기의 장점으로 인해 몸을 망치게 된다.

(묵자)

---

29 · MONDAY

30 · TUESDAY

31 · WEDNESDAY

8 AUGUST

SUNDAY	MONDAY	TUESDAY	WEDNESDAY
	7 July S M T W T F S 1 2 3 4 5 6 7 8 9 10 11 12 13 14 15 16 17 18 19 20 21 22 23 24 25 26 27 28 29 30 31	**9** September S M T W T F S 1 2 3 4 5 6 7 8 9 10 11 12 13 14 15 16 17 18 19 20 21 22 23 24 25 26 27 28 29 30	
4 (7.1)	5	6	7 입추
11	12	13	14 말복
18 (7.15) 백중	19	20	21
25	26	27	28

THURSDAY	FRIDAY	SATURDAY	NOTES
1	2	3	
8	9	10 칠석	
15 광복절	16	17	
22 처서	23	24	
29	30	31	

WEEKLY PLAN

8 August

S	M	T	W	T	F	S
				1	2	3
4	5	6	7	8	9	10
11	12	13	14	15	16	17
18	19	20	21	22	23	24
25	26	27	28	29	30	31

말하는 데에는 세 가지 방법이 있다. 생각해서 말하는 경우, 추측해서 말하는 경우, 실행할 때 말하는 경우다. 생각한다는 것은 이 말이 과연 옛 성인의 말이나 행동에 모순되는 점은 없는가를 생각하고, 거기에 어긋나지 않을 경우엔 입으로 낸다. 추측해서 말한다는 것은 이런 말을 한다면 듣는 사람이 어떤 기분으로 이 말을 받아 들일까를 생각한 후에 발언하는 것이다. 실행할 때란 내가 말한 것을 어떻게 실행할 것인가를 생각하고, 나라를 위하고 백성의 실정에 비추어 보고 전망을 세운 후에 말하는 것이다. (묵자)

- THURSDAY

- FRIDAY

- SATURDAY

- SUNDAY

WEEKLY PLAN

8 August

S	M	T	W	T	F	S
				1	2	3
4	5	6	7	8	9	10
11	12	13	14	15	16	17
18	19	20	21	22	23	24
25	26	27	28	29	30	31

모든 사람이 상대방을 사랑하면 강자는 약자를 억누르지 않는다.

부자(富者)는 빈자(貧者)를 짓밟지 않는다.

귀인은 천인을 압박하지 않는다.

지자(智者)는 우자(愚者)를 속이지 않는다.

이렇듯 천하가 강탈과 원한을 일으키지 않으려면

상대방을 사랑할 일이다.

(묵자)

---

5 · MONDAY

---

6 · TUESDAY

---

7 · WEDNESDAY

- THURSDAY

- FRIDAY

) - SATURDAY

- SUNDAY

WEEKLY PLAN

삶은 죽음에서 생긴다.

보리가 싹트기 위해서는 씨앗이 죽지 않으면 안된다.

(간디)

8 August

S	M	T	W	T	F	S
				1	2	3
4	5	6	7	8	9	10
11	12	13	14	15	16	17
18	19	20	21	22	23	24
25	26	27	28	29	30	31

12 · MONDAY

13 · TUESDAY

14 · WEDNESDAY

WEEKLY PLAN

8 August

S	M	T	W	T	F	S
				1	2	3
4	5	6	7	8	9	10
11	12	13	14	15	16	17
18	19	20	21	22	23	24
25	26	27	28	29	30	31

새는 알 속에서 빠져나오려고 싸운다.

알은 세계이다. 태어나기를 원하는 자는

하나의 세계를 파괴하지 않으면 안된다.

(헤세)

---

19 · MONDAY

---

20 · TUESDAY

---

21 · WEDNESDAY

2 · THURSDAY

3 · FRIDAY

4 · SATURDAY

5 · SUNDAY

WEEKLY PLAN

8 August

S	M	T	W	T	F	S
				1	2	3
4	5	6	7	8	9	10
11	12	13	14	15	16	17
18	19	20	21	22	23	24
25	26	27	28	29	30	31

선을 행함에는 노력이 필요하다.

그러나 악을 억제하려면 보다 더 노력이 필요하다.

(톨스토이)

26 · MONDAY

27 · TUESDAY

28 · WEDNESDAY

9 · THURSDAY

0 · FRIDAY

1 · SATURDAY

OTES

NOTES

9 SEPTEMBER

SUNDAY	MONDAY	TUESDAY	WEDNESDAY
1	2	3 (8.1)	4
8	9	10	11
15	16	17 (8.15) 추석	18
22 추분	23	24	25
29	30		

THURSDAY	FRIDAY	SATURDAY	NOTES
5	6	7 백로	
12	13	14	
19	20	21	
26	27	28	

8 August

S	M	T	W	T	F	S
					1	2	3
4	5	6	7	8	9	10
11	12	13	14	15	16	17
18	19	20	21	22	23	24
25	26	27	28	29	30	31

10 October

S	M	T	W	T	F	S
		1	2	3	4	5
6	7	8	9	10	11	12
13	14	15	16	17	18	19
20	21	22	23	24	25	26
27	28	29	30	31		

WEEKLY PLAN

9 September

S	M	T	W	T	F	S
	1	2	3	4	5	6	7
8	9	10	11	12	13	14
15	16	17	18	19	20	21
22	23	24	25	26	27	28
29	30					

서리가 오기 시작하면 반드시 굳은 얼음이 얼고야 마는 것은

필연의 이치인데 하루 이틀 지날수록 한 가지 두 가지

일이 외국에 침식되니, 계속 이와 같이 나간다면 몇 날 몇 달이

못가서 전국의 권한 이 모두 외국에 모두 양도되어

태아(太阿;보검의 이름)의 칼자루를 거꾸로 쥐게 되는

후회를 남기게 될지 어찌 알겠습니까 ?

(월남 이 상재)

• SUNDAY

WEEKLY PLAN

9 September

S	M	T	W	T	F	S
1	2	3	4	5	6	7
8	9	10	11	12	13	14
15	16	17	18	19	20	21
22	23	24	25	26	27	28
29	30					

쉬워 보이는 일도 해보면 어렵다.

못할 것 같은 일도 시작해 놓으면 이루어진다.

쉽다고 얕볼 것이 아니고,

어렵다고 팔짱을 끼고 있을 것이 아니다.

쉬운 일도 신중히 하고 곤란한 일도 겁내지 말고 해보아야 한다.

(채근담)

---

2 · MONDAY

---

3 · TUESDAY

---

4 · WEDNESDAY

• THURSDAY

• FRIDAY

• SATURDAY

• SUNDAY

WEEKLY PLAN

9 September

S	M	T	W	T	F	S
	1	2	3	4	5	6	7
8	9	10	11	12	13	14
15	16	17	18	19	20	21
22	23	24	25	26	27	28
29	30					

미인은 비록 문 밖에 나오지 않으나

많은 사람들이 만나기를 원한다.

스스로 이름을 드러내기를 힘쓰는 것보다는

그 실(實)을 기르는 것이 좋다.

(묵자)

---

9 · MONDAY

---

10 · TUESDAY

---

11 · WEDNESDAY

2 · THURSDAY

3 · FRIDAY

4 · SATURDAY

5 · SUNDAY

WEEKLY PLAN

9 September

S	M	T	W	T	F	S
1	2	3	4	5	6	7
8	9	10	11	12	13	14
15	16	17	18	19	20	21
22	23	24	25	26	27	28
29	30					

서로를 사랑하고 서로를 이롭게 한다.

남 보는 것을 내 몸을 보는 것처럼 하라.

이것은 겸애교리(兼愛交利)를 주장한 묵자의 유명한 말이다.

(묵자)

16 · MONDAY

17 · TUESDAY

18 · WEDNESDAY

9 · THURSDAY

0 · FRIDAY

1 · SATURDAY

2 · SUNDAY

WEEKLY PLAN

9 September

S	M	T	W	T	F	S
1	2	3	4	5	6	7
8	9	10	11	12	13	14
15	16	17	18	19	20	21
22	23	24	25	26	27	28
29	30					

승리는 목적이 아니다.

목적에 이르는 하나의 단계이며 장애물을

제거하는데 지나지 않는다.

목표를 잃으면 승리도 공허하게 된다.

(자와할루 네루 인도 초대 수상)

23 · MONDAY

24 · TUESDAY

25 · WEDNESDAY

6 · THURSDAY

7 · FRIDAY

8 · SATURDAY

9 · SUNDAY

WEEKLY PLAN

9 September

S	M	T	W	T	F	S
	1	2	3	4	5	6	7
8	9	10	11	12	13	14
15	16	17	18	19	20	21
22	23	24	25	26	27	28
29	30					

올바른 도리를 돈독하게 지키지 못하며,

사물을 널리 분별하지 못하며,

옳고 그름을 살피어 분간하지 못하는 자는

더불어 놓 만한 사람이 되지 못한다.

(묵자)

---

30 · MONDAY

NOTES

10 OCTOBER

SUNDAY	MONDAY	TUESDAY	WEDNESDAY
		1 국군의 날	2
6	7	8 한로	9 한글날
13	14	15	16
20	21	22	23 상강
27	28	29	30

THURSDAY	FRIDAY	SATURDAY	NOTES
3 (9.1) 개천철	4	5	
10	11 중앙절	12	
17 (9.15)	18	19	
24	25	26	
31			

9 September

S	M	T	W	T	F	S
1	2	3	4	5	6	7
8	9	10	11	12	13	14
15	16	17	18	19	20	21
22	23	24	25	26	27	28
29	30					

11 November

S	M	T	W	T	F	S
					1	2
3	4	5	6	7	8	9
10	11	12	13	14	15	16
17	18	19	20	21	22	23
24	25	26	27	28	29	30

WEEKLY PLAN

10 October

S	M	T	W	T	F	S
		1	2	3	4	5
6	7	8	9	10	11	12
13	14	15	16	17	18	19
20	21	22	23	24	25	26
27	28	29	30	31		

실패한 사람이 다시 일어나지 못하는 것은

그 마음이 교만한 까닭이다.

성공한 사람이 그 성공을 유지하지 못하는 것도 역시 교만한 까닭이다.

(석가모니)

---

1 · TUESDAY

---

2 · WEDNESDAY

- THURSDAY

- FRIDAY

- SATURDAY

- SUNDAY

WEEKLY PLAN

10 October

S	M	T	W	T	F	S
		1	2	3	4	5
6	7	8	9	10	11	12
13	14	15	16	17	18	19
20	21	22	23	24	25	26
27	28	29	30	31		

편안하게 있을 곳이 없는 것이 아니다.

편안한 마음이 없기 때문에 편안하지 않은 것이다.

곧 만족만 한다면 어떤 경우라도 편안한 곳이다.

(묵자)

7 · MONDAY

8 · TUESDAY

9 · WEDNESDAY

0 · THURSDAY

1 · FRIDAY

2 · SATURDAY

3 · SUNDAY

WEEKLY PLAN

10 October

S	M	T	W	T	F	S
		1	2	3	4	5
6	7	8	9	10	11	12
13	14	15	16	17	18	19
20	21	22	23	24	25	26
27	28	29	30	31		

쓸쓸한 마음으로 과거를 되돌아 보지 말라.

그것은 두번 다시 오지 않으니까 빈틈없이 현재를 이용하라.

그것을 할 사람은 곧 그대다. 그림자와 같은 미래를 향하여 나아가라.

두려워하지 말고 늠름하게.

(헨리 워즈워스 롱펠로)

---

14 · MONDAY

---

15 · TUESDAY

---

16 · WEDNESDAY

7 · THURSDAY

8 · FRIDAY

9 · SATURDAY

0 · SUNDAY

WEEKLY PLAN

10 October

S	M	T	W	T	F	S
		1	2	3	4	5
6	7	8	9	10	11	12
13	14	15	16	17	18	19
20	21	22	23	24	25	26
27	28	29	30	31		

사랑은 결코 죽음을 생각해서는 안된다.

오직 삶을 생각하라.

이것이 참된 신앙이다.

(벤자민 디즈레일리)

---

21 · MONDAY

---

22 · TUESDAY

---

23 · WEDNESDAY

4 · THURSDAY

5 · FRIDAY

6 · SATURDAY

7 · SUNDAY

WEEKLY PLAN

10 October

S	M	T	W	T	F	S
		1	2	3	4	5
6	7	8	9	10	11	12
13	14	15	16	17	18	19
20	21	22	23	24	25	26
27	28	29	30	31		

하나의 눈으로 보는 것보다는 두 개의 눈으로 보는 것이 더 잘 보이고,

하나의 귀로 듣는 것보다는 두 개의 귀로 듣는 것이 더 잘 들린다.

천하의 모든 백성의 실정을 보고 진실된 소리를 듣는 것이

나라를 다스리는 요도(要道)가 된다.

(묵자)

---

28 · MONDAY

29 · TUESDAY

30 · WEDNESDAY

NOTES

11 NOVEMBER

SUNDAY	MONDAY	TUESDAY	WEDNESDAY
	10 October S M T W T F S 1 2 3 4 5 6 7 8 9 10 11 12 13 14 15 16 17 18 19 20 21 22 23 24 25 26 27 28 29 30 31	**12** December S M T W T F S 1 2 3 4 5 6 7 8 9 10 11 12 13 14 15 16 17 18 19 20 21 22 23 24 25 26 27 28 29 30 31	
3	4	5	6
10	11	12	13
17	18	19	20
24	25	26	27

THURSDAY	FRIDAY	SATURDAY	NOTES
	1 (10.1)	2	
7 입동	8	9	
14	15 (10.15)	16	
21	22 소설	23	
28	29	30	

WEEKLY PLAN

11 November

S	M	T	W	T	F	S
					1	2
3	4	5	6	7	8	9
10	11	12	13	14	15	16
17	18	19	20	21	22	23
24	25	26	27	28	29	30

사람이 죽고 사는 것은 운명에 달려 있고,

부유하고 가난한 것은 천 명에 달려 있으므로,

그 오는 것은 막아서는 안되고, 가는 것은 좇아 가서 안 된다는데,

그대는 무엇을 근심하랴.

(백결선생)

· FRIDAY

· SATURDAY

· SUNDAY

WEEKLY PLAN

11 November

S	M	T	W	T	F	S
					1	2
3	4	5	6	7	8	9
10	11	12	13	14	15	16
17	18	19	20	21	22	23
24	25	26	27	28	29	30

사랑을 받기만 하는 인생은 아무런 쓸모가 없는 것이고 위험이다.

될 수 있으면 자신을 극복하고 사랑하는 사람이 되고 싶다.

(라이너 마리아 릴케)

4 · MONDAY

5 · TUESDAY

6 · WEDNESDAY

- THURSDAY

- FRIDAY

- SATURDAY

- SUNDAY

WEEKLY PLAN

11 November

S	M	T	W	T	F	S
					1	2
3	4	5	6	7	8	9
10	11	12	13	14	15	16
17	18	19	20	21	22	23
24	25	26	27	28	29	30

성공의 비결은 목적을 향해 시종일관하는 것이다.

(디즈레일리)

11 · MONDAY

12 · TUESDAY

13 · WEDNESDAY

4 · THURSDAY

5 · FRIDAY

6 · SATURDAY

7 · SUNDAY

WEEKLY PLAN

11 November

S	M	T	W	T	F	S
					1	2
3	4	5	6	7	8	9
10	11	12	13	14	15	16
17	18	19	20	21	22	23
24	25	26	27	28	29	30

성실하지 못한 사람은 위대한 것들을 생산할 수가 없다.

(제임스 럿셀 로우웰)

18 · MONDAY

19 · TUESDAY

20 · WEDNESDAY

1 · THURSDAY

2 · FRIDAY

3 · SATURDAY

4 · SUNDAY

WEEKLY PLAN

11 November

S	M	T	W	T	F	S
					1	2
3	4	5	6	7	8	9
10	11	12	13	14	15	16
17	18	19	20	21	22	23
24	25	26	27	28	29	30

소심하고 용기가 없는 인간에 있어서는 일체의 일이 불가능한 것이다.

왜냐하면, 일체가 불가능하게 보이기 때문인 것이다.

(스코트)

---

25 · MONDAY

26 · TUESDAY

27 · WEDNESDAY

28 · THURSDAY

29 · FRIDAY

30 · SATURDAY

12 DECEMBER

SUNDAY	MONDAY	TUESDAY	WEDNESDAY
1 (11,1)	2	3	4
8	9	10	11
15 (11,15)	16	17	18
22	23	24	25 크리스마스
29	30	31 (12,1)	

THURSDAY	FRIDAY	SATURDAY	NOTES
5	6	7 대설	
12	13	14	
19	20	21 동지	
26	27	28	

11 November

S	M	T	W	T	F	S
					1	2
3	4	5	6	7	8	9
10	11	12	13	14	15	16
17	18	19	20	21	22	23
24	25	26	27	28	29	30

2025 1 January

S	M	T	W	T	F	S
			1	2	3	4
5	6	7	8	9	10	11
12	13	14	15	16	17	18
19	20	21	22	23	24	25
26	27	28	29	30	31	

WEEKLY PLAN

12 December

S	M	T	W	T	F	S
1	2	3	4	5	6	7
8	9	10	11	12	13	14
15	16	17	18	19	20	21
22	23	24	25	26	27	28
29	30	31				

인간은 상호관계로 묶어지는 매듭이요, 거미줄이며, 그물이다.

이 인간관계만이 유일한 문제이다.

(앙투안 드 생텍쥐페리)

WEEKLY PLAN

12 December

S	M	T	W	T	F	S
1	2	3	4	5	6	7
8	9	10	11	12	13	14
15	16	17	18	19	20	21
22	23	24	25	26	27	28
29	30	31				

인간은 항상 시간이 모자란다고 불평을 하면서

마치 시간이 무한정 있는 것처럼 행동한다.

(세네카)

---

2 · MONDAY

---

3 · TUESDAY

---

4 · WEDNESDAY

5 · THURSDAY

6 · FRIDAY

7 · SATURDAY

8 · SUNDAY

WEEKLY PLAN

12 December

S	M	T	W	T	F	S
1	2	3	4	5	6	7
8	9	10	11	12	13	14
15	16	17	18	19	20	21
22	23	24	25	26	27	28
29	30	31				

인간이 호랑이를 죽일 때는 그것을 스포츠라고 한다.

호랑이가 인간을 죽일 때는 사람들은 그것을 재난이라고 한다.

범죄와 정의와의 차이도 이것과 비슷한 것이다.

(버너드 쇼)

---

9 · MONDAY

---

10 · TUESDAY

---

11 · WEDNESDAY

2 · THURSDAY

3 · FRIDAY

4 · SATURDAY

5 · SUNDAY

WEEKLY PLAN

12 December

S	M	T	W	T	F	S
1	2	3	4	5	6	7
8	9	10	11	12	13	14
15	16	17	18	19	20	21
22	23	24	25	26	27	28
29	30	31				

인생과 문학을 생각하면 할수록 점점 더 나는 통감한다.

모든 훌륭한 것들의 배후에는 개인이 서있으며 인간을 만드는 것은

시대가 아니고 시대를 창조하는 것이 인간이라는 것을.

(오스카 핑걸 오플레어티 와일드)

---

16 · MONDAY

---

17 · TUESDAY

---

18 · WEDNESDAY

19 · THURSDAY

20 · FRIDAY

21 · SATURDAY

22 · SUNDAY

WEEKLY PLAN

12 December

S	M	T	W	T	F	S
1	2	3	4	5	6	7
8	9	10	11	12	13	14
15	16	17	18	19	20	21
22	23	24	25	26	27	28
29	30	31				

일이 뜻대로 되지 않을 때는 나보다 못한 사람을 생각하라.

원망하고 탓하는 마음이 저절로 사라지리라.

마음이 게을러지거든 나보다 나은 사람을 생각하라. 저절로 분발하리라.

(홍자성)

---

23 · MONDAY

---

24 · TUESDAY

---

25 · WEDNESDAY

6 · THURSDAY

7 · FRIDAY

28 · SATURDAY

29 · SUNDAY

WEEKLY PLAN

12 December

S	M	T	W	T	F	S
1	2	3	4	5	6	7
8	9	10	11	12	13	14
15	16	17	18	19	20	21
22	23	24	25	26	27	28
29	30	31				

자기가 할 수 있는 모든 것을 하는 것은 인간이 되는 것이요,

자기가 하고 싶은 모든 것을 하는 것은 신이 되는 것이다.

(나폴레옹)

---

30 · MONDAY

31 · TUESDAY

NOTES

Telephone

Name	
Address	
Phone	Fax
Mobile	
E-mail	

Name	
Address	
Phone	Fax
Mobile	
E-mail	

Name	
Address	
Phone	Fax
Mobile	
E-mail	

Name	
Address	
Phone	Fax
Mobile	
E-mail	

Name	
Address	
Phone	Fax
Mobile	
E-mail	

Name	
Address	
Phone	Fax
Mobile	
E-mail	

Name	
Address	
Phone	Fax
Mobile	
E-mail	

Name	
Address	
Phone	Fax
Mobile	
E-mail	

Name	
Address	
Phone	Fax
Mobile	
E-mail	

Name	
Address	
Phone	Fax
Mobile	
E-mail	

Name	
Address	
Phone	Fax
Mobile	
E-mail	

Name	
Address	
Phone	Fax
Mobile	
E-mail	

Telephone

Name	
Address	
Phone	Fax
Mobile	
E-mail	
Name	
Address	
Phone	Fax
Mobile	
E-mail	
Name	
Address	
Phone	Fax
Mobile	
E-mail	
Name	
Address	
Phone	Fax
Mobile	
E-mail	
Name	
Address	
Phone	Fax
Mobile	
E-mail	
Name	
Address	
Phone	Fax
Mobile	
E-mail	

Name	
Address	
Phone	Fax
Mobile	
E-mail	
Name	
Address	
Phone	Fax
Mobile	
E-mail	
Name	
Address	
Phone	Fax
Mobile	
E-mail	
Name	
Address	
Phone	Fax
Mobile	
E-mail	
Name	
Address	
Phone	Fax
Mobile	
E-mail	
Name	
Address	
Phone	Fax
Mobile	
E-mail	

Telephone

Name	
Address	
Phone	Fax
Mobile	
E-mail	

Name	
Address	
Phone	Fax
Mobile	
E-mail	

Name	
Address	
Phone	Fax
Mobile	
E-mail	

Name	
Address	
Phone	Fax
Mobile	
E-mail	

Name	
Address	
Phone	Fax
Mobile	
E-mail	

Name	
Address	
Phone	Fax
Mobile	
E-mail	

Name	
Address	
Phone	Fax
Mobile	
E-mail	
Name	
Address	
Phone	Fax
Mobile	
E-mail	
Name	
Address	
Phone	Fax
Mobile	
E-mail	
Name	
Address	
Phone	Fax
Mobile	
E-mail	
Name	
Address	
Phone	Fax
Mobile	
E-mail	
Name	
Address	
Phone	Fax
Mobile	
E-mail	

Telephone

Name	
Address	
Phone	Fax
Mobile	
E-mail	
Name	
Address	
Phone	Fax
Mobile	
E-mail	
Name	
Address	
Phone	Fax
Mobile	
E-mail	
Name	
Address	
Phone	Fax
Mobile	
E-mail	
Name	
Address	
Phone	Fax
Mobile	
E-mail	
Name	
Address	
Phone	Fax
Mobile	
E-mail	

2023~2024
Weekly **Planner**

....

초판 1쇄 인쇄일 | 2023년 1월 10일

초판 1쇄 발행일 | 2023년 1월 17일

....

지은이 | 편집부 편

펴낸이 | 하태복

펴낸곳　　이가서

주소　　　경기도 고양시 일산서구 주엽동 81, 뉴서울프라자 2층 40호

전화·팩스　031-905-3593 · 031-905-3009

홈페이지　www.leegaseo.com

이메일　　leegaseo1@naver.com

등록번호　제10-2539호

....

ISBN 978-89-5864-371-5 14190